全彩图解科学健身系列

Markus Rossmann / Lamar Lowery

肌筋膜健身

FASZIE trifft MUSKEL

FUNKTIONELLES TRAINING

〔德〕马库斯·罗斯曼
〔美〕拉马尔·洛沃瑞 编著
李哲 主审
崔静 译

天津出版传媒集团
天津科技翻译出版有限公司

著作权合同登记号:图字:02-2019-199

图书在版编目(CIP)数据

肌筋膜健身 / (德)马库斯·罗斯曼
(Markus Rossmann), (美)拉马尔·洛沃瑞
(Lamar Lowery)编著 ; 崔静译 . —天津 : 天津科技翻
译出版有限公司, 2022.10
(全彩图解科学健身系列)
书名原文: Faszie Trifft Muskel
ISBN 978-7-5433-4197-5

Ⅰ.①肌… Ⅱ.①马… ②拉… ③崔… Ⅲ.①健身运
动 Ⅳ.①G883

中国版本图书馆 CIP 数据核字(2021)第 266379 号

授权单位: Meyer & Meyer Verlag
出　　版:天津科技翻译出版有限公司
出 版 人:刘子媛
地　　址:天津市南开区白堤路 244 号
邮政编码:300192
电　　话:(022)87894896
传　　真:(022)87893237
网　　址:www.tsttpc.com
印　　刷:天津新华印务有限公司
发　　行:全国新华书店
版本记录:710mm×1000mm　16 开本　13.5 印张　200 千字
　　　　　2022 年 10 月第 1 版　2022 年 10 月第 1 次印刷
　　　　　定价:69.80 元

(如发现印装问题,可与出版社调换)

中文版前言

我认为，当今功能康复领域进展最快的一定是肌筋膜领域的发展，以往不能用肌肉理论解释的身体功能现象，现在随着筋膜学的研究进展，都可以得到很好的解释。

在功能运动领域，肌筋膜训练可以有效提高身体的弹性、灵活性、平衡性及稳定性，增加运动范围，增强运动效果，促进身体更快地康复，减少肌筋膜疼痛综合征（背部和骨盆疼痛），有效加快体液流动和新陈代谢，从而使身体发生更积极的改变。

在过去的10多年里，肌筋膜健身训练技术已成为全球公认的以科学为基础的训练方法。现在全世界非常多的健身教练利用这种新知识开创了更具有意义的工作，对客户的身体产生了前所未有的积极影响。

《肌筋膜健身》从基础理论到实践应用，都是以极简的方式在阐述肌筋膜的功能意义。无论是健身教练指导自己的客户，还是普通人居家自我训练，都能从本书中得到足够的训练方案和理论依据。

这些年，在本人的工作中，肌筋膜干预也越来越成为主要的干预措施，尤其是在解决一些疑难问题时，这种方法更是提供了难得的思路并取得令人惊喜的效果。

相信本书所传达的肌筋膜健身的理念和实践，必将能够使从业者和健身者获得独特的运动体验。

广东医科大学功能康复及护理培训中心

本书说明

为了便于行文,书中全部使用的是男性称呼。本书的读者对象当然也包括女性。

本书前期已经做了充分的准备工作，但难免会有信息遗漏或不足之处。本书编写团队和出版商均不对由于书中信息造成的任何不利或损害承担责任。

目录

引　言

大约自 5 年前,所谓的“肌筋膜热潮”开始了——之前在我们身体内似乎没有任何功能作用的肌筋膜,经过学者们的科学研究,突然成为解决身体问题的最佳答案,并且被提升到对于身体修复和体能提升最有帮助的因素的高度上。这种热潮是怎么回事呢?为此我们采访了此领域知名的肌筋膜和运动专家。

菲尔·安德烈亚斯·施伦姆伯格(Phil. Andreas Schlumberger),德国慕尼黑博士,拜仁慕尼黑队康复与预防医疗团队负责人

力量训练的主要目标之一是增强肌肉功能,同时提高机械参数(即最大力量、力量提升速度等)。根据不同个体的情况,不论是局部的促进,还是通过增强复杂的肌肉功能,从而促进肌肉内的结缔组织和复杂的肌筋膜结构,都是很重要的。科学研究证明,离心力量训练和促进反应性的方法可以增强和积极改善复杂的肌肉功能(肌肉收缩和肌筋膜刺激相结合)。

休·法尔索内(Sue Falsone),美国亚利桑那州
MS、SCS、ATC、CSCS、COMT、RYT® 物理治疗师
针灸/结构与功能,A.T.斯蒂尔大学运动训练副教授

随着我们的知识水平不断提高,我们的训练方法也需要相应地发展。我想不出比肌筋膜训练更好的例子了。我们现在已经知道并且进一步发现,肌筋膜在运动中是多么重要。很自然的,我们在康复和训练方法方面的进步,反映了身体内在结构的新发现对于我们的重要性。

雷蒙·伊格尔(Raimond Igel),德国柏林
DOSB 运动理疗师

在我看来,肌筋膜在体育运动中扮演着重要的角色。不是说它比其他结构更重要,而是许多现象可以通过它来解释。

此外,肌筋膜的科学“发现”也引发了对于训练形式和训练内容的重新思考。这些新发现为建立和有效实施新的身体功能提供了发展潜力。除了运动员、教练和物理治疗师之外,生物力学研究人员还发现肌筋膜,特别是黏合筋膜,对于身体功能和复杂的生物力学运动顺序有很大的影响。

因此，现代的训练内容应考虑肌筋膜结构，以规避受伤，完善和优化运动顺序。小型肌筋膜运动器械和调整饮食可加强肌筋膜的护理，应将其坚定地纳入运动员的训练计划。

罗伯特·拉德纳(Robert Lardner)，美国芝加哥

物理治疗师，注册 DNS(Kolar)讲师

肌筋膜是运动不可分割的一部分。它不仅在无尽的身体组织网络中绑定和协调身体，而且通过创建相对固定的点来支持运动，从而允许在整个运动链过程中使用力量。这些支撑点还不是最重要的，对我们这些痴迷于人体及其潜能的人来说，这一发现的意义才刚刚开始显现。

克劳斯·埃德(Klaus Eder)，Eden Reha 治疗中心

德国足球队物理治疗师

肌筋膜对于健康行走的整个过程来说都极为重要，现在人们还知道肌筋膜对于治疗和训练有显著影响。我每天都能在我的运动员中及在治疗中心注意到这一点。在我看来，有针对性的肌筋膜训练有着很大的潜力，我很乐意帮助那些想要通过肌筋膜训练在生活中获得长期乐趣，以及在运动中提高成绩的人们。

朱利安·贝克(Julian Baker)，英国巴斯

肌筋膜功能物理治疗师

肌肉是运动的动力。如果没有肌肉，手臂和腿的抬高能力将受到限制。如果没有肌筋膜，运动是不可能进行的。因为肌筋膜系统是连续的，当骨头上的肌肉停止运动时，肌筋膜系统却不会停止运动，而是在不同的平面和方向上继续运动，也就是一些人所谓的遍布全身的"张力网络"。运动、压力、负荷和摩擦都是维持细胞外基质环境的要素。没有运动，很可能会导致僵硬和体液不流动。后果就是我们大多数人会在某个阶段身体变得僵硬，如果任其发展下去，情况会变得更糟。

肌筋膜科学仍然比较"年轻"，毫无疑问，在肌筋膜改变行为或运动模式之前还有很多工作要做。肌筋膜需要保养。每天进行有规律的大范围运动，避免过度拉伸，即使到了老年，仍可以很好地保持肌筋膜的健康和弹性。肌筋膜最怕的是长时间静止不动。这是因为，这种包围并滋润我们身体组织的水性蜂窝状“网络”需要循环，而循环只能来自运动。不管运动对你来说意义如何，请坚持。

贝娅特丽克丝·鲍姆加特纳(Beatrix Baumgartner)，奥地利维也纳
MS 治疗师，专注于 FDM 和面部操作的整骨术(Stecco)

近年来，肌筋膜研究人员发现了肌筋膜对于身体健康的重要性，并借助现代媒体引起了人们的极大关注(也就是所谓的“肌筋膜热潮”)。

现在，治疗师和培训师正面临患者进行肌筋膜治疗和肌筋膜训练的需求，肌筋膜的可训练性还是不如肌肉。不只在训练方面，在肌筋膜的保养方面也仍然缺乏更进一步的研究，教练和治疗师在此方面的教育也是如此。

因此，在我看来，肌筋膜理论和实践检验对于“现代”治疗师和教练来说至关重要。

威尔伯·凯尔西克(Wilbour Kelsick)，加拿大穆迪港
博士，BSc(kin)、DC、FRCCSS(C)、FRCCRS(C)体育按摩师，加拿大国家队和奥林匹克队成员

如果想要快速移动和在身体组织上施加重负荷，就不能以慢运动方式和低负荷训练结缔组织。简单地说，“不要以慢的训练方式追求快的训练效果。”针对负荷和运动方式的特定训练是在设计运动训练计划时最重要的原则之一。

肌筋膜训练似乎已成为治疗和运动中不可或缺的重要部分。专业人士也持同样观点。从科学的角度来看，肌筋膜训练仍有很大的改进空间。这意味着：在许多研究中，可以确定肌筋膜训练对于身体的积极影响。为了证明这些积极的作用，还需要更多的研究，尤其是长期研究。在这一点上，我更愿意成为一名实践者。即使现在只是少量的科学证明，我也会去实践它，并和队员一起取得成功。

前　　言

引用专家的言论和我自己的经验，都应当考虑其中被过于宣传的成分。要知道，肌筋膜或肌筋膜训练当然是不可能解决所有问题的。与其他宣传一样，目前肌筋膜对于器官的重要性被夸大了。

参加过肌筋膜培训的人都知道，我总是从一开始就指出，筋膜的健康和性能并不比我们体内的任何其他结构更重要，它们是整体的一部分。不过有时还是需要大量宣传的，以使人们重新认识这个被遗忘的结构。

以前在体育运动和许多其他领域，几乎没有人关注肌筋膜。然而今天，人们了解到肌筋膜会影响身体的功能，从而影响健康和竞技能力，因此人们不仅应接受这方面的治疗，还应对其进行针对性训练。

即便如此，我已经在媒体中反复提到，我们无法单独地训练肌筋膜。这一点可能连肌筋膜专家也没有提到过。我们不可能只孤立地训练肌筋膜而不训练肌肉！

肌肉和肌筋膜是不可分割的，因为肌肉和肌筋膜会参与到每一个动作中。如同没有孤立的肌筋膜训练，也没有孤立的肌肉训练。

目前新的观点是，利用现在已有的知识，进行一种更加针对肌肉或者更加针对肌筋膜的训练。两者对于实现最佳身体功能都很重要，但是到目前为止，还没有人对肌筋膜进行主要和“有知觉”的训练。

当然，在我进行肌肉力量训练时，也会训练肌筋膜和心血管系统，但重点是在肌肉区域。如果我进行肌筋膜训练，那么我也会训练肌肉和心血管系统，但重点在肌筋膜区域。

如果我想充分利用自己的身体，更好地保护自己免受伤害，并且希望自己的身体感觉更好，那么我就必须更好地锻炼肌肉和肌筋膜，并优化这些系统之间的相互作用。

对我来说，功能训练是保持身体健康的最佳常规运动方法。我们日常训练肌肉链的时候,我们进行的每一个动作都包含许多肌肉的最佳相互作用。那么谁来连接这些肌肉呢?答案是肌筋膜!

现在重要的是,在锻炼过程中,我们要反复设置刺激水平,以改善人体中这种"普遍存在的结缔组织"。功能训练通常包括许多肌筋膜方面的内容,但是我们可以通过微小的运动变化来设置训练刺激水平,从而大大提高肌筋膜的训练效果。

我很高兴能够与我的朋友、功能训练专家拉马尔·洛沃瑞(Lamar Lowery)一起完成本书。拉马尔是一位经验丰富且成功的私人教练,他在实践领域的创造力简直是永无止境。在生活中,拉马尔热爱运动、富有行动力并且有着健康的体魄,他对于做什么有益于人体这一点有着非常敏锐的意识。

他立即意识到,将肌筋膜方面融入功能训练中可以产生积极的影响。没有拉马尔的理念,以及他的积极行动和坚持不懈,就不可能有这本书。

另一位为本书做出巨大贡献的重要人物是路德维希艺术有限公司(Ludwig Artzt GmbH)的阿斯特丽德·布舍尔(Astrid Buscher)。她是我和拉马尔的介绍人,提出了很多具有建设性的意见,没有她就没有我和拉马尔更进一步的合作。

最后,我还要感谢路德维希艺术有限公司和迈耶·迈耶出版社(Meyer & Meyer),他们以一切可能的方式帮助我成功地出版了这本书。

本书将给您带来什么内容?

在开篇简要的理论介绍之后,本书的主要部分介绍了许多实用的练习方法,用或不用工具都有。基本的肌筋膜练习之后是一系列传统功能练习和肌筋膜功能练习。

我们必须问自己一个问题:"如何将传统的功能练习转变为肌筋膜功能练习?"

在本书中，拉马尔将向您介绍传统功能练习，而由我将其转变为肌筋膜功能练习。在此过程中，我们确保在动作描述和图片中清楚地突出了有时很小但很重要的差异。最后我们通过两套完整的训练课程对本书进行补充和完善。

1. 我如何将肌筋膜元素纳入每一个功能训练中？
2. 完整的肌筋膜功能训练课程应是什么样子的？

本书专为健身教练、私人教练、治疗师及运动人士设计，帮助读者深入了解基础肌筋膜练习的世界。书中包括丰富的、用和不用小工具的传统功能练习和肌筋膜功能练习。

本书不仅旨在指导运动练习，还可以激发每个读者的创造力。在运动体验过程中，您可以发挥创造力，为身体设置新的有趣的运动刺激。运动刺激可以帮助普通人变得更健康，帮助运动员充分利用身体达到更好表现，还可以帮助患者更快地恢复健康。

希望通过阅读本书，您可以在实践中获得新知识，以及更多运动的乐趣。

马库斯·罗斯曼

第1章 肌筋膜

1.1 什么是肌筋膜

1.2 肌筋膜的功能

在阐述肌筋膜训练的理论基础之前，首先要指出特别重要的三点：

1. 正如引言中所述，我们无法分离肌肉和肌筋膜，孤立地训练二者之一是不可能的，这意味着肌肉和肌筋膜参与每个动作。当我们在本书中谈论肌筋膜训练时，只是说训练的重点是肌筋膜，而不是肌肉。

2. 本书作者并没有发明新的运动。在本书中，会一遍又一遍地告诉您：这是在您之前就有的练习或运动上的新见解。

- 换一个角度思考，并且更有意识地使用肌筋膜。
- 科学地看，目前也有很多肌筋膜训练无法解决的问题。

3. 我并不认为肌筋膜训练是最好的、最全面的训练，或者从现在开始您应该只进行肌筋膜训练。我确信，之前您学习和练习的内容或者说其中的大部分，都是有意义并且很重要的。为了保持机体健康和良好的运动表现，我们需要在稳定性和灵活性之间取得平衡。好的教练或治疗师会意识到这一点，因此会根据实际情况安排更多的肌肉练习、肌筋膜练习，或者针对其他结构的练习。我们需要实事求是地根据不同情况安排训练计划。随着时间的推移，每个教练和治疗师都会发展出自己的训练或治疗理念。这是应有的方式，根据不同个体的意愿和实际情况合理安排训练是有意义的并且是很重要的。肌筋膜训练是我们“工具箱”中的必备“工具”。在正确的时间、正确的条件下应用它，您将取得成功。“不要过多，也不要过少！”这句话正是本书的最佳使用指南。阅读本书，找出适合您个体情况的内容，并将其整合到训练或疗法中。我敢肯定，会有很多积极的反馈，让您不会放弃，继续这些练习。

1.1 什么是肌筋膜

肌筋膜存在于人体的组织中，是将人体内的一切进行连接的物质。

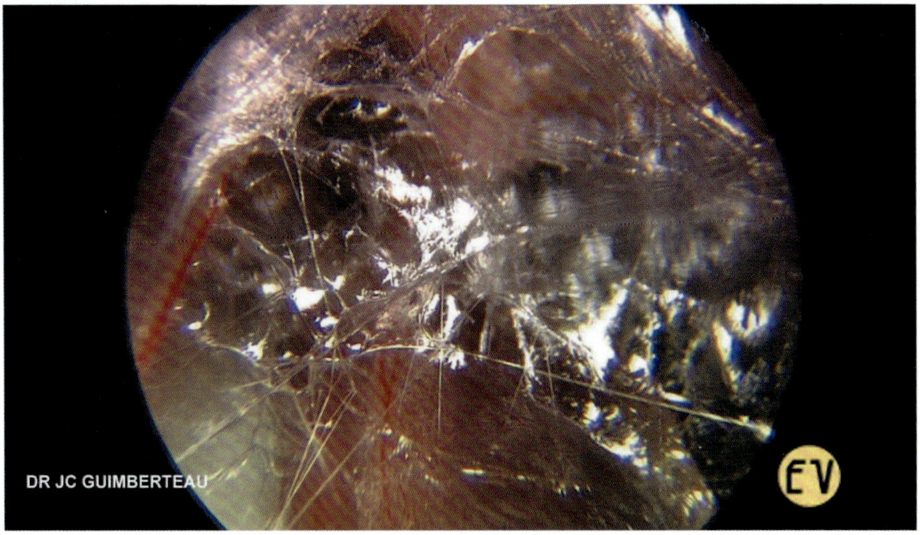

蜘蛛网状的胶原蛋白结构将人体内的一切连接在一起！ © Courtesy of Endovivo Productions and J.C. GUIMBERTEAU M.D.

起初这对于我们来说是不可思议的，但是在我们的身体中几乎没有任何地方是空的，也就是说没有哪个地方是没有任何结构的。可以把我们的肌筋膜系统想象为三维立体的蜘蛛网，其中的连线可以像纸一样薄，也可以像手指一样粗。

实际上，我们的体内只有一个肌筋膜，因为肌筋膜网络是一个永不破裂的整体结构。不过在肌筋膜训练中，从业者为了更方便描述，可能会表述为当前正在进行哪种局部肌筋膜结构的动作或训练。

根据不同的功能，肌筋膜有时会更富有弹性以支撑运动，有时又会变得硬而结实，以在体内产生稳定性。

根据解剖学术语联邦委员会(FCAT)的说法,从解剖学的角度来看,肌筋膜只是“粗糙”的膜。

但是,肌筋膜研究人员是从功能的角度来看待肌筋膜的。从这个角度来看,肌筋膜是可扩展的结构,即所有纤维状和含胶原蛋白的结缔组织结构,包括肌肉结缔组织,以及韧带、肌腱、关节和器官的囊。

后一种结构对于体内的能量和运动传递尤其重要。

肌筋膜会随着身体情况的变化而变化。长期单方面的压力或缺乏运动,会导致肌筋膜结构变干、变形、变硬,并由此失去功能。适当的运动刺激使肌筋膜结构变得更抗撕裂并保持弹性,从而特别有助于其他结构(如肌肉)更好地发挥作用。

肌筋膜组织的主要成分是水(多糖分子是其基础物质)和纤维(主要是胶原蛋白和弹力蛋白),以及各种细胞(主要是成纤维细胞)。成纤维细胞负责的是肌筋膜的所有固体成分,以及胶原蛋白的分解和积累。

我们体内有许多不同的筋膜结构。最有趣的是如下与训练相关的结构。

1.肌肉筋膜结构(包括肌肉膜)

它们具有格子状的结构，这种波纹状结构可以承受最大可能的拉伸负荷力。这种含胶原蛋白的皮肤可能会在肌肉纤维、肌肉纤维束和肌肉周围出现，以负责确保所有结构(如果水分良好)都能很好地滑行。此外，研究人员发现它们在运动(包括肌肉能量传递)中起着重要作用。

如果肌肉筋膜移动得太少或偏向一侧移动，会变干并引起粘连或消耗，这会限制单个结构的滑动性，并降低动能的传递。

从单个肌肉纤维到完整的肌肉，所有结构都覆盖着筋膜！Ⓒ fascialnet.com

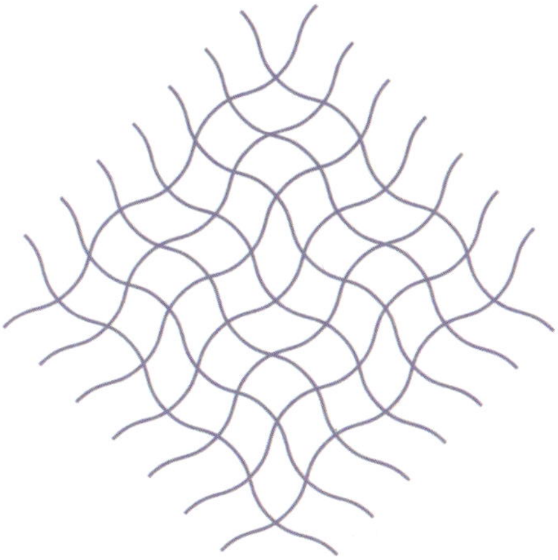

格子状胶原纤维。Adapted from Slomka，G.(4th ed.，2015)*Fascia in Motion*，p48.

2.肌筋膜结构：韧带、肌腱和关节囊

在这部分结构中，胶原纤维更可能平行排列以适应负荷，它们还具有将动能（关节的动能除外）从身体的一个部位传递到另一个部位的功能。

因此，有效的运动训练的目标应该是设置刺激，以帮助这些结构存储更多的动能并变得更抗撕裂。韧带、肌腱和关节囊可以帮助运动更高效率地进行，从而节省力量和能量。

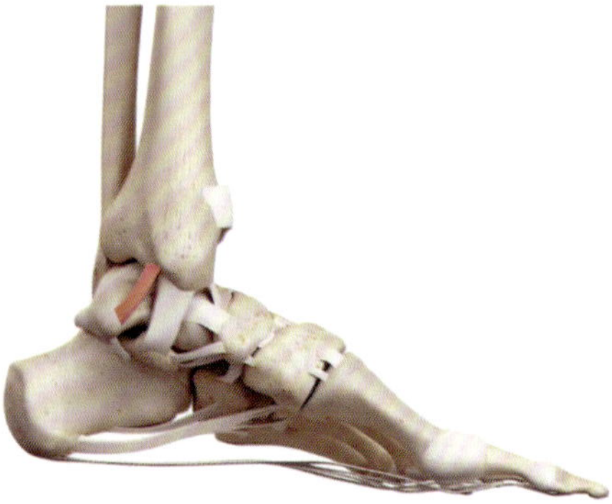

踝关节的韧带和囊结构。Ⓒ Adobe Stock

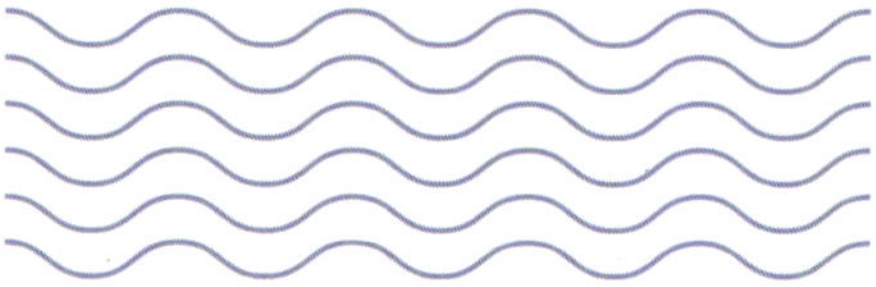

平行的胶原纤维。Adapted from Slomka, G. (4th ed., 2015) *Fascia in Motion*, p48.

1.2 肌筋膜的功能

肌筋膜在我们的身体中行使着不同的功能。

› 肌筋膜可以使肌肉和器官的位置相对固定，从而保持身体的稳定性

› 肌筋膜参与每一个动作

仅就这个事实，就应该有意识地感知肌筋膜，并对其给予足够的注意和训练。运动的效率取决于肌肉和肌筋膜的性质，以及肌肉和肌筋膜之间的协调性。

肌筋膜会影响运动能力

结缔组织网络是将所有组织连接在一起的系统。如果这些结构具有弹性且富含水分，则所有彼此相邻的结构都可以很好地相互滑动。但是，如果它们变干、变硬，就会影响单个结构的润滑性，也就是说，运动能力和运动效率会降低，受伤的风险增加。

肌筋膜传递肌肉的动能

目前研究已经发现，在运动过程中肌肉产生的能量传递到身体其他部位的过程，不仅发生在韧带、肌腱和关节囊，还发生在肌筋膜中。如果肌筋膜的传递性能良好，那么运动员就可以达到自己的最佳成绩。如果对肌筋膜的保养不足而影响了这些性能，那么很可能成绩会降低，受伤的风险也增加了。

我们身体的免疫系统取决于肌筋膜的状态

在“健康”的肌筋膜中，废物从肌筋膜中被运走。在基础代谢中，肌筋膜有一个很重要的作用，就是促进免疫系统吞噬细胞的游动，并且吞噬细胞碎片和细菌。如果肌筋膜由于缺乏运动或因单方面的压力而变干，就相当于吞噬细胞在干燥的肌筋膜上游动。我相信每个人都可以想象得到，吞噬细胞将无法正常工作。

肌筋膜可导致多种类型的疼痛

肌筋膜结构中有许多疼痛感受器。目前，有研究认为，三分之二的疼痛事件均与肌筋膜相关。Leinonen(2003)的一项有趣的研究表明，肌筋膜疼痛与身体意识之间存在直接联系。在肌筋膜疼痛的情况下，人体在疼痛区域的感觉明显减弱。但是，如果这一区域的身体知觉得到改善，肌筋膜疼痛也会减轻，甚至完全消失。顺便说一句，Leinonen 这项研究的结果，解释了为什么如此多的人在做完滚动训练后报告疼痛减轻。

身体感知

身体感知更多与肌筋膜相关，而不是像以前认为的那样与肌肉、关节等结构相关。肌筋膜中负责人体感知的感受器比肌肉组织中多 6 倍。对我来说，身体感知能力仍然是身体最被低估的能力之一，这种能力对于加速愈合过程和改善运动能力具有极其重要的意义。

肌筋膜训练可促进心理健康

一些研究[如 Christopher Gordon(2015)]表明,进行肌筋膜训练的人通常心情更好。来自我的客户的许多主观反馈也证实了这一观点,他们在定期进行肌筋膜训练之后告诉我,他们感觉好多了。他们觉得自己更敏捷、运动能力更强,可以更好地享受生活。我对这种现象的解释是:定期进行肌筋膜训练的人运动中会有更多的体验,并开始自觉地感知自己的身体。从长远来看,这使整个身体再次成为一个整体的功能单元,这种状态当然也反映在心理上。

第 2 章 肌筋膜训练

当人们谈论肌筋膜训练时，大多说的是滚动训练。其实，肌筋膜训练所涉及的内容不仅如此。下面我们将讨论这一点。

2.1 什么是肌筋膜训练

正如本书开头所述，肌肉和肌筋膜是无法分割的。每次锻炼时，这些结构或多或少都会得到训练。我所尝试进行的肌筋膜训练能够以最佳方式激活肌筋膜结构，并有助于优化之前所述的各项功能。

同时，人们在健身活动中会发现更多训练形式。事实上，近年来，每种训练形式都包含肌筋膜的变化形式（肌筋膜瑜伽、肌筋膜普拉提、肌筋膜跑步等）。其中大多数是基于肌筋膜研究与肌筋膜训练的开拓者罗伯特·施耐普（Robert Schleip）博士及专家小组的研究成果。我也是这个专家组的成员之一。

2.2 肌筋膜训练的四个基本内容

我们开发了一种运动训练，可以最佳地改善肌筋膜的功能，它包括四个基本内容。

2.2.1 滚动训练

滚动训练。

定期滚动身体会对肌筋膜产生积极作用。在机体组织上产生放松还是拉紧的作用主要取决于滚动速度的不同。定期滚动训练可以改善身体的柔韧性，并且在很多情况下可以减轻疼痛，并对心理产生积极影响，也就是说，心情会变得更好。对于运动员来说，应当明白的很重要的一点是：滚动训练不会给肌肉表现带来负面影响。但同时也没有证据表明泡沫轴可以帮助提高竞技表现。通常与竞技运动员讨论的是滚动训练可使其主观感觉良好，从而有助于提高竞技表现。

2.2.2　肌筋膜拉伸

肌筋膜拉伸。

长期以来，弹跳和弹力拉伸由于被认为受伤的风险太大而被禁止。现在，人们发现这些运动对于肌筋膜功能的提升非常重要。这再次告诉我们："没有白做的运动。"

有针对性地选择每种类型的运动，并在适当的时间进行练习，有助于增进机体健康，提高运动表现水平。

肌筋膜拉伸意味着在最大限度的相应位置上进行摇摆、弹性运动。此外，在理想情况下，运动过程中应做一些小的动作改变以找到最佳位置，并"伸展"尽可能多的肌筋膜。

肌筋膜热潮让我们了解了这些非常重要但被遗忘的知识，让我们重新认知了肌筋膜的真实含义。

每个人都是一个"独特的"个体！

每个人都有自己独特的骨骼结构、独特的肌肉和肌筋膜。每个人都有不同的日常行为习惯来塑造自己的身体。

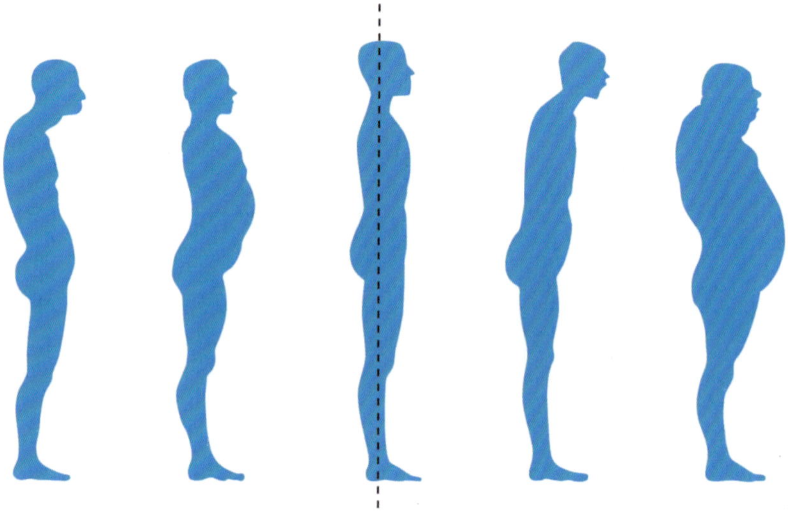

© Rolfers United 2004, Reprinted with permission.

女收银员整天站或坐在收银机前，将货物从商品扫描仪的一侧推到另一侧，流水线工人必须全天进行相同的手臂动作和站立动作。晚上这两个人都去健身房做同样的伸展运动吗？这样的练习对于个人有效性来说几乎没有任何意义。

我们发现在竞技体育中也是如此。以足球运动为例，对方的头球常会旋转到一些不利的位置，通常会终止于非生理性的关节位置，此时在肌肉和筋膜上会产生相当大的剪切力。

但是，在准备过程中(训练或比赛之前的热身阶段)，这种极端的关节位置通常尚未做好准备。目前为止，拉伸运动仅能起到有限的作用，凡是最终认识到这一点的人都会很快得出结论：在比赛的准备阶段，或者在日常工作的压力下，对结构进行专门训练是很重要的。

如果我们想让每个人从拉伸运动中获得最大的效果，那么就必须为每个人进行调整和改变。从基本练习开始，必须不断进行最小角度的变化，以找到他(她)感觉最强烈的位置，从而产生最大的效果。

如果在不断地运动变化中还加入了摇摆和跳跃的动作，那么您就同时很好地运动了肌筋膜。这种拉伸运动的另一个作用是，它可以训练您对身体的感知能力。您应不断地调整拉伸的位置并感受其中细微的变化，直到找到最适合自己的拉伸位置为止。

2.2.3　弹射训练

1

2

弹射训练。

这绝对是肌筋膜训练中最活跃的部分。这一部分与功能训练非常相似，但我们可以通过较小的改变来产生对肌筋膜的非常强烈的刺激。

为什么袋鼠可以跳得那么远又那么持久呢？因为它们能够像橡皮筋一样使用跟腱，所需的肌肉能量很小。因此，它们是名副其实地在以“弹射和高效能”来运动。

科学研究发现,我们也能以类似于弹射的方式使用韧带、肌腱和关节囊,并且可以训练这种能力。弹射训练适用于腿部和躯干。让我们看看为此需要做哪些训练刺激。

› 对于非专业人员

摇摆运动和轻巧的跳跃动作,无负重或者轻量负重(300 克到最高 1.5 千克)。

› 对于专业运动员

无负重到中等重量负重(1~3 千克)的摇摆运动,做最大的运动幅度,在反向运动和(爆发性)跳跃过程中加速。

同样,运动的多样性和创造性也起着重要作用。在具体动作讲解部分中,我们将详细描述这些微小但非常重要的运动差异,而这些差异就是最关键的。

最后,有个问题仍然有待回答:为什么尽管进行了有效的肌筋膜训练,我们仍然无法跳得像袋鼠那么远?答案很简单,纯粹是解剖学原因。

与袋鼠相比,我们人类的跟腱短且杠杆作用不良。现代生物力学使人类如今有可能进行类似袋鼠的跳跃,只要看看残奥会中用现代假肢跳跃的跳远运动员和三级跳远运动员就可以了。

2.2.4 身体感知训练

身体感知训练。

我们生活在一个日常生活和工作中都充满压力的时代。我们越来越多地考虑外部的(外在的)事情,如工作、家庭中的问题或与我们过去或未来有关的问题。我们越来越失去了对于“当下或现在”的感觉。我们正在失去对自己身体的跟踪和对身体信号的感知能力。我们没有学会去感知自己的身体,无法察觉到我们身体的(内在的)信号。

我们运动训练的质量取决于我们是在有感知地运动,还是只是“意识在别处”的像机器一样地运动。当然我不是一个强硬派,在训练区域禁止使用 iPod 和电视,但是我认为在每次训练中应该至少有一个运动把动作和意识整合起来,完全感知自己的身体并密切跟踪动作。

有意识的训练可以改善动作的协调性,最终提高力量强度。众所周知,亚洲武术都包含不同的冥想技巧,所有这些感觉和感知技巧都具有相同的目标,即找到自己内在的中心,从而产生更大的力量和更快的反应。

当然,我们不必成为禅修专家才能提高自己的身体意识。有很多简单的训练和方法可以使我们入门并取得长远的进步。例如,您可以进行 3 次功能性力量训练,每次训练都有意识地注意身体的不同区域的感受,或将特定的身体意识训练整合到每次训练中(请参见第 5.1.4 节)。

真正想要进行整体训练并想要更好地了解自己的身体和提高自己反应能力的人,都无法避免地要进行有针对性的身体意识训练。顺便说一句,这种训练的好处是,它有助于使您变得更健康、更高效和更轻松。

2.3 肌筋膜训练的两个主要目标

专门的肌筋膜训练有两个主要目标。

2.3.1 水分调节和交换

人体约70%是水。如果我们运动得太少或过于单一,可能导致代谢废物如基础物质(水和糖分子)中自由基的产生和累积,导致蜘蛛网状的纤维失去弹性并因此降低单个结构的润滑性。这会导致肌肉功能下降,同时受伤的风险增加。

肌筋膜训练的目的是通过各种动作和定期的"自我按摩"(滚动训练),使体内的水分保持活动、不断交换,不断清除代谢废物。

2.3.2 成纤维细胞激活

打个形象的比喻,成纤维细胞可以说是"运动美食家"。它们不能运动太多,也不能运动太少。它们喜欢多种方式的运动,讨厌长期一种方式的运动。与肌肉细胞相反,它们主要对压力和拉伸负荷做出反应。它们喜欢摇摆、最大弹性的拉伸运动,以及许多不同的运动变化形式。但是在过去的20年中,这类运动由于受伤的风险似乎太大,在很大程度上被人们所反对。这就是为什么这类运动在大多数体育项目(康复、预防及部分竞技体育)中被禁止。

如前文所述,人们对肌肉结缔组织和韧带、肌腱、关节囊做了区分。在这两个结构中都发现了成纤维细胞,但是它们却对不同的刺激做出反应。

肌筋膜训练的目的是通过运动刺激激活成纤维细胞,使它们分解旧的胶原蛋白,同时产生新的、更健康的、更高效的胶原蛋白。

2.4　如何激活成纤维细胞

2.4.1　肌肉结缔组织中的成纤维细胞的运动激活

目前已经发现，即使在强度非常低的力量训练下，单个肌肉纤维肌筋膜内的成纤维细胞，也可激活最大力量的 20%~30%。这是因为肌肉结缔组织的主要功能是将肌肉固定在适当的位置并使其稳定。如果肌肉和筋膜无法适应肌肉的生长，那么肌肉很快就会像骆驼的驼峰一样垂下来。因此，从肌筋膜角度来看，适度的力量训练是很有意义的。

但是，在传统的力量训练中，肌肉结缔组织中网状的排列结构，以及结构彼此之间的润滑性方面无法得到训练。因此，您需要采取的是“各种方式的运动”，以及在肌肉最终伸展位置上的摇摆和弹性运动。

缺乏对这些肌筋膜的“运动”是力量型运动员通常不够灵活的原因之一，也是许多人为了身体健康，定期做传统的力量训练，但身体仍然有问题的原因之一。

您是否曾经想过为什么体操运动员拥有如此出色的身材，而且既灵活，又像其他运动员一样有力量？因为在他们的训练和比赛中，既有稳定、缓慢、需要大力量的动作，又有在最终伸展位置快速摆动的动作。缓慢的动作需要肌肉力量，快速摆动的动作需要肌筋膜参与。体操运动员是力量与灵活性兼具的代表。

© Thinkstock

2.4.2 韧带、肌腱和关节囊中的成纤维细胞的运动激活

这些结构的肌筋膜需要其他与肌肉中成纤维细胞相似的刺激才能被激活。它们还需要最大拉伸位置下的摆动运动，除此之外，在动作的转折点还会出现弹性加速。同时，这些运动中需要很明确地去掉无用的“表面功夫”。与协调相关性的肌筋膜训练是锦上添花。

1

2

与协调性相关的肌筋膜训练。

所有“舒适的”的滚动训练都不会是有效的肌筋膜训练。对于之前没有经过基础训练和专业指导的普通人来说，肌筋膜训练几乎是不可能的，就算是专业运动员，开始肌筋膜训练时也需要十分小心。

最重要的原则是，要有控制地进行缓慢的训练，尤其是要避免因剧烈动作而导致的受伤，较高强度的短刺激足以使成纤维细胞发挥作用。因此，可以得出这个有趣的结论：成功进行肌筋膜训练所需的时间相对较短。

2.5　分别针对运动初学者和专业运动员的肌筋膜刺激训练

简而言之，与其他形式的运动一样，运动初学者和专业人员需要不同的运动刺激、强度和装备。

建议新手减小负重，首先进行协调性训练，包括：

- 摇摆，弹性运动
- 多变化的运动
- 少量
- 相对高的强度
- 多次休息
- 在最终伸展位置下做低负重的摆动运动
- 站姿轻跳跃（如跳绳）
- 主动的伸展运动=处于最终伸展状态的轻柔弹力运动
- 滚动训练

对于专业运动员，则建议增加负重，在协调性方面要求也更高，包括：

- 摇摆，弹性运动
- 在最终伸展的位置做动作
- 在动作转折点处加强
- 多变化的运动
- 少量
- 高强度

- 多次休息
- 在最终伸展位置下做轻至中等负重的摆动运动
- 短时接触地面、身体相对僵硬状态下的跳跃或者从一定高度跳跃
- 主动的伸展运动=处于最终伸展状态的轻柔弹力运动
- 滚动训练

德国国家橄榄球队的医疗和运动疗法护理为全世界所羡慕。于尔根·克林斯曼(Jürgen Klinsmann)和他的教练团队在 2006 年对大型赛事前准备训练课程中进行了大规模更改。

他聘请了美国运动教练马克·费斯特根(Marc Verstegen),后者率先引入以下两种新的训练元素,帮助球员减少肌肉问题并提高运动表现。

1. 运动的多样性:他取材于流行的运动文化,如瑜伽、普拉提和功能训练,从中发展出包含这些元素的最佳训练计划。

2. 引入泡沫轴滚动训练。

德国足球队的理疗师克劳斯·埃德(Klaus Eder)也确认,现在在治疗和训练中除了泡沫轴,还应包含多样性的运动方式和对肌筋膜的整体训练。

第3章 什么是肌筋膜功能训练

肌筋膜功能训练应遵循第 2.2 章节中所描述的功能训练原则。因此，您应该在做激活、短促滚动和肌筋膜的组合训练之前，先完成摆动—弹性—拉伸运动。

在训练中应始终保持对身体的感知，并以缓慢的滚动运动或角度变化较小的静态拉伸运动来结束训练。人们发现在静态拉伸运动中，肌肉可释放出抗炎酶，阻止炎症的进展并促进再生。

还有一个实用的技巧，该技巧获得了许多运动员的积极反馈，但尚无科学依据："每次锻炼结束后，立刻滚动在锻炼期间被大量使用的肌肉。这样在剧烈运动后就不会感到筋疲力尽，而且恢复时间更短，可以更快开始做下一次负重训练。"

肌筋膜功能训练的重点和动作最大的变化体现在负重、弹性阻力训练及跳跃训练中。如果说传统的功能训练更多是关于克服阻力和(或)稳定训练，那么肌筋膜功能训练则更多地是利用重量和弹力带的拉力和摆动力，以便在最大限度的拉伸中最高效地激活肌筋膜。

1. 克服阻力。
2. 克服阻力上下摆动。

此外，我们知道，跳跃在很早之前就从体能训练内容被归类为肌筋膜训练内容。研究发现不同的跳跃对肌筋膜的影响不同。膝盖运动幅度大且在地面上接触时间长的跳跃，相比运动幅度小且在地面上接触时间短的跳跃用到的肌筋膜更少。简而言之："越用力跳跃，对肌筋膜激活的效果越好！"

1. 和缓地跳跃。

2.~3. 用力地跳跃。

肌筋膜功能训练的另一个原则是“少即是多！”

肌筋膜训练取决于刺激的质量，而不取决于数量。我们的身体常做克服阻力（向心）和屈从阻力（离心）的运动（即肌肉训练的最佳组合），但很少做摇摆运动（即肌筋膜的最佳训练）。

我们都知道，身体首先要适应未知的负荷。出于这个原因，并且由于成纤维细胞对刺激的质量而不是数量起反应，因此与传统训练相比，肌筋膜训练的运动量很小。肌筋膜功能训练不必做到筋疲力尽的程度。可能在训练中明明已经完成了大部分，但您可能会觉得只做了很少的训练。

因此，这里重复并“确信”您已正确完成了所有训练。重要的是，想要刺激成纤维细胞并不在于重复次数，而在于运动刺激的质量。肌筋膜运动刺激的质量由几个部分组成（请参见下一章），在运动中越多地用到它们，对于肌筋膜结构的影响越大。

肌筋膜摆动动作组合

1

2

3

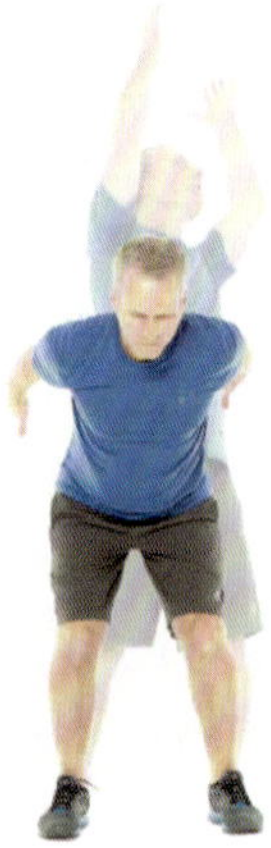

4

1.摆动。

2.摆动到最大幅度的最终位置。

3.摆动到最大幅度的最终位置后逐渐进行角度变化。

4.摆动到最大幅度的最终位置后，再在反向运动中加速(也可以负重)/爆炸性摆动。

跳跃动作组合

1

2

3

4

5

1.稳定地跳跃。

2.膝盖角度变化大，和缓、稳定地跳跃。

3.膝盖角度变化小，用力、稳定地跳跃。

4.在一定高度进行动作 2。

5.在一定高度进行动作 4。

回弹动作组合

1

2

1.稳定地回弹。

2.伴随摆动变化的稳定地回弹。

变化动作:负重下/抗阻下稳定地回弹,比如在负重下/抗阻下改变动作角度。

第4章 运动量建议

一般来说,具有日常经验的动态实践发生于长期、持续的科学研究之前,与肌筋膜训练相关的标准化负重组合目前仍处于探索阶段。从另一方面来看,这一事实也可以看作一个机会,人们可以尝试这种训练并观察自己的感受,以确定适合自己的负重组合。当然,我想向您介绍并提供一些提示和建议。

倾听身体对训练的反应,感受它并以此做出调节总是最有意义的。这一点无论对于专业运动员还是业余运动者来说都很重要,即人们不仅要依靠高科技手段和运动医师、理疗师和(或)体育专家的陪伴,还应包括自我感知和自我观察。这是最健康的锻炼方式,因为没有医生也没有教练可以观察到您的内在。自我责任感是肌筋膜功能训练成功的重要组成部分(而且不仅限于肌筋膜功能训练)。

4.1 运动规则 1—始终没有疼痛的训练

所有运动都应始终在没有疼痛的前提下进行。摆动运动中,运动幅度的大小受到当时发生和持续存在的疼痛的限制。摆动运动进行到疼痛发作时的位置即可!如果疼痛的开始/发作总是在一个幅度范围,可以观察一下疼痛出现了几次。

如果疼痛减轻或完全消失,则可以进行进一步训练。如果疼痛持续存在,则必须改变运动幅度,以保证运动时不会感到疼痛。此外,如果疼痛有所减轻或加重,则运动者还应在训练结束后几天继续观察疼痛的情况。

4.2 运动规则 2—保持运动的多样性

肌筋膜训练的好处在于,这种训练方法消除了必须完美执行每个动作的需要。肌筋膜训练并不要求在规定的精确角度和相同的位置上多次执行相同的动作。恰恰相反,每个动作都应该有所不同。运动的多样性是肌筋膜训练的关键词之一。这是为什么呢?

1. 没有完全相同的人类运动。每一步、每一个动作都是独一无二的。在训练中应考虑这一事实。

2. 重要的是,在训练期间有规律地进行所有可能的关节运动。如果您不这样做,则在运动中期可能会发生动作不便和身体问题。

3. 在平时尤其是在运动中,经常出现需要我们的身体采用不熟悉的、极端姿势的情况。比如我们会在路边跌倒,或者头球对决的时候身体歪倒在地。因此,我们可以通过在训练中不总是提供相同的位置,而是合并许多变化动作来使身体做好准备。

4. 薛尔霍恩(Schöllhorn)教授提出的“差异学习”的理论表明,多样化训练的运动可以提高身体运动表现。如果您想了解更多相关内容,请利用网络搜索!

总而言之,要有创造力,并且要把身体的所有关节调动起来!

4.3　负重组合

以下负重组合训练,我按照初学者、业余运动者和竞技运动员不同等级区分开来。这些区分并不完全对应于科学根据,而是根据我和拉马尔多年的经验总结而来。

4.3.1 传统功能训练的负重组合

我们建议如下的负重组合。

对于初学者

每周训练次数：　2
每次练习的组数：　3
每次重复次数：　8~10
运动器具的重量：　1~2 千克，或更小到中等的弹性阻力

对于业余运动者

每周训练次数：　3
每次练习的组数：　3~4
每次重复次数：　10~15
运动器具的重量：　1~5 千克，或中等到更大的弹性阻力

对于竞技运动员

每周训练次数：　最少 4
每次练习的组数：　3~5
每次重复次数：　15~20
运动器具的重量：　3~7 千克，或更大的弹性阻力

4.3.2 肌筋膜功能训练的负重组合

如前所述，肌筋膜训练的基本原则是“少即是多”，因此从初学者到竞技运动员，重复的次数仅略有增加。训练负重增加主要是因为协调性的提高。

我们建议如下的负重组合。

对于初学者

每周训练次数：	1
每次练习的组数：	1
每次重复次数：	10~12（每次约 30 秒）
运动器具的重量：	300 克~1.5 千克，或更小到中等的弹性阻力

对于业余运动者

每周训练次数：	1~2
每次练习的组数：	1~2（作为循环训练）
每次重复次数：	10~12（每次约 30 秒）
运动器具的重量：	300 克~2.5 千克，或中等到更大的弹性阻力

对于竞技运动者

每周训练次数：	2
每次练习的组数：	最多 3（作为循环训练）
每次重复次数：	12~14（每次约 30 秒）
运动器具的重量：	1~3.5 千克，或更大的弹性阻力

4.3.3 在各种运动形式中融合肌筋膜功能训练

在实践中，业余运动者和竞技运动员已经证实如下训练方案的效果。我们应该在传统的功能训练中，辅助以肌筋膜训练。

4.3.3.1 模块整合：一套融合肌筋膜训练的方案

对于初学者

每周训练次数：	2
每次练习的组数：	3，其中 1 组只做肌筋膜训练（摆动运动）
每次重复次数：	10~12（每次约 30 秒）
运动器具的重量：	300 克~1.5 千克

最后滚动训练

对于业余运动者

每周训练次数：	2~3
每次练习的组数：	3~4，其中 1 组只做肌筋膜训练（摆动运动）
每次重复次数：	10~12（每次约 30 秒）
运动器具的重量：	300 克~1.5 千克

最后滚动训练

对于竞技运动员

每周训练次数：	至少 4
每次练习的组数：	3~5，其中 1~2 组只做肌筋膜训练
每次重复次数：	12~14（每次约 40 秒）
运动器具的重量：	500 克~3 千克

最后滚动训练

4.3.3.2 组合方案：每次练习后增加一个肌筋膜训练

对于初学者

每周训练次数：　　2

每次练习的组数：　　3

每次练习之后加一个负重区域的短时滚动练习，或者做一个负重的轻柔摆动练习

每次重复次数：　　10~12(每次约 30 秒)

运动器具的重量：　　300 克~1.5 千克

对于业余运动者

每周训练次数：　　2~3

每次练习的组数：　　3~4

每次练习之后加一个负重区域的短时滚动练习，或者做一个负重的轻柔摆动练习

每次重复次数：　　10~15(每次约 45 秒)

运动器具的重量：　　300 克~1.5 千克

对于竞技运动员

每周训练次数：　　至少 4

每次练习的组数：　　3~5，其中 1~2 组只做肌筋膜训练

每次练习之后加一个负重区域的短时滚动练习，或者做一个负重的轻柔摆动练习

每次重复次数：　　15~20(每次约 60 秒)

运动器具的重量：　　500 克~3 千克

第5章 实践练习

本章为实践部分，我将首先向您介绍基本的肌筋膜训练方法。在本章第二部分中，先是由拉马尔展示传统功能训练，然后由我展示肌筋膜功能训练。

最后一部分将为您提供包含功能训练和肌筋膜训练的综合课程，以及完整的肌筋膜功能训练课程的建议。

对于展示的训练动作，我想再次指出，我并没有声称自己发明了它们。很多训练动作是一直以来就有的，我的同事也在肌筋膜健身的开发过程中修改了很多动作。还有很多训练动作是在我的研讨会期间由参与者提供的。直到今天，我总是从参与者那里获得创意。在此向他们表示感谢！

> 对于初学者来说，甚至对于一些专业运动员来说，他们并不真正了解摆动、弹跳和跳跃运动。因此，我要再次指出，您必须遵守所附的建议和规范，否则过度运动的风险就很大。
>
> 同时也建议大家从简单的练习开始，逐步过渡到难度更大的练习！
>
> 容易= 
>
> 中等= 
>
> 困难= 
>
> 作为一项特别服务，您可以参考视频网址：https://www.artzt.eu/fortbildungen/artzt-institut-e-learning.html，本书视频可以付费下载。

5.1　肌筋膜基础练习

5.1.1　滚动练习

最流行的肌筋膜训练方式是使用泡沫轴(或筋膜球)。泡沫轴(或筋膜球)有不同的硬度。根据您对压力和疼痛的敏感程度,可以选择软、中和硬不同密度的泡沫轴(或筋膜球)。找出最适合您的泡沫轴(或筋膜球)的最佳方法是:试一下!

泡沫轴和筋膜球概览。
ⒸLudwig Artzt GmbH.

下面所有练习均应按如下原则进行。

- 在较大的区域相对缓慢地滚动,在敏感的压力点忍耐一下。
- 可以向各个方向滚动!
- 在滚动过程中尽可能达到身体所有可能运动到的部位。
- 在一个区域滚动至少 60 秒,最多 3 分钟。

在下面的练习中,我们没有做详尽的说明,因为照片的展示已经非常直观了。

有关泡沫轴(或筋膜球)练习的详细说明,我推荐我的 DVD:《马库斯·罗斯曼的后背滚动与肌筋膜训练》(*Blackroll–Fascia Training with Markus Rossmann*)。

5.1.1.1 腓肠肌滚动

1

2

3

4

5

6

5.1.1.2　大腿后部滚动

1

2

3

5.1.1.3　大腿外侧滚动

1

2

5.1.1.4 大腿内侧滚动

1

2

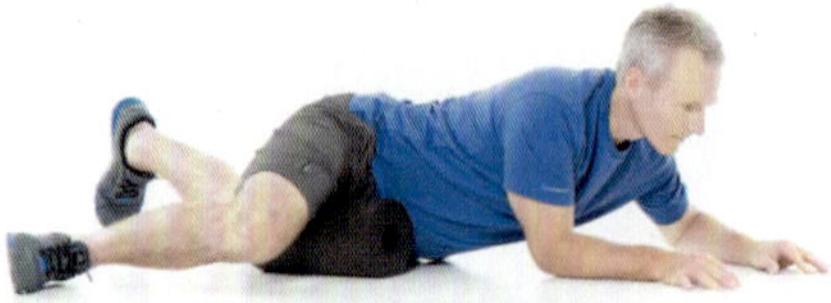

5.1.1.5 胫骨滚动

1

2

5.1.1.6 大腿前侧滚动

1

2

5.1.1.7　臀部滚动

1

2

3

5.1.1.8　手臂支撑下的下背部(LWS)滚动

1

2

3

4

5.1.1.9 背部支撑下的下背部滚动(LWS)

1

2

3

5.1.1.10 背部滚动(BWS)

1

2

3

4

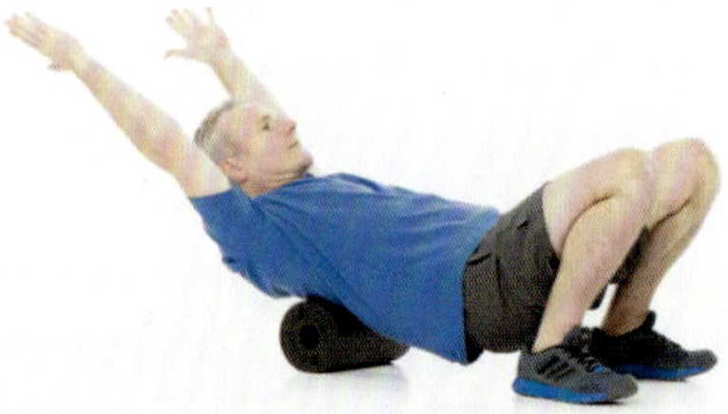

5.1.1.11　头颈滚动

1

2

3

4

5

5.1.12 胸部滚动

1

2

3

5.1.1.13 肩膀/手臂连接侧滚动

1

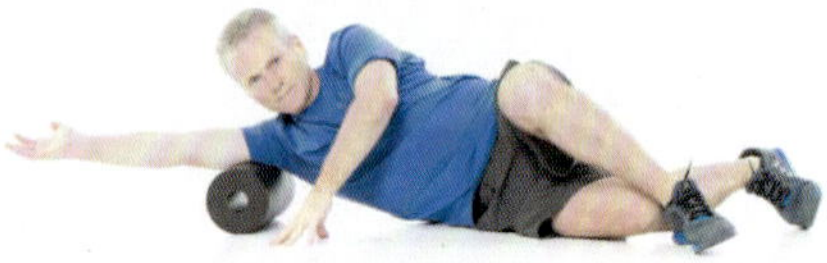

2

5.1.1.14 足底滚动

1

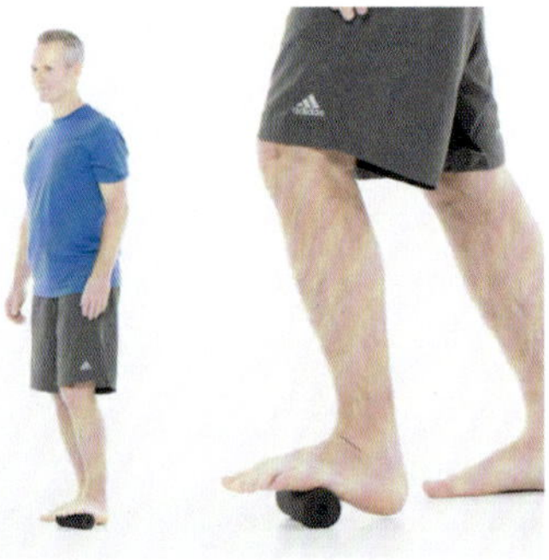

2

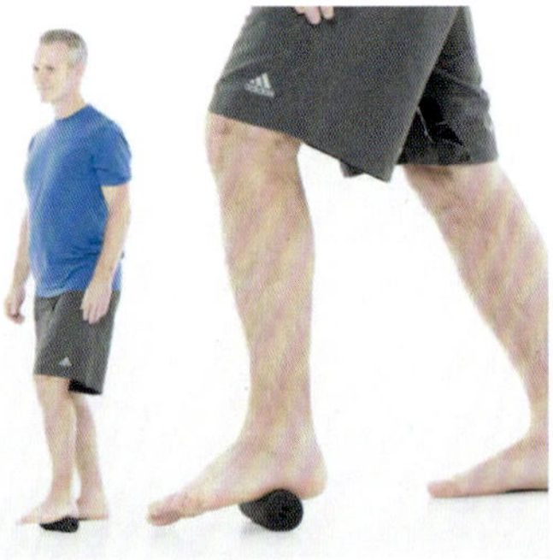

5.1.2 筋膜拉伸

5.1.2.1 泰式坐

1

2

3

4

5

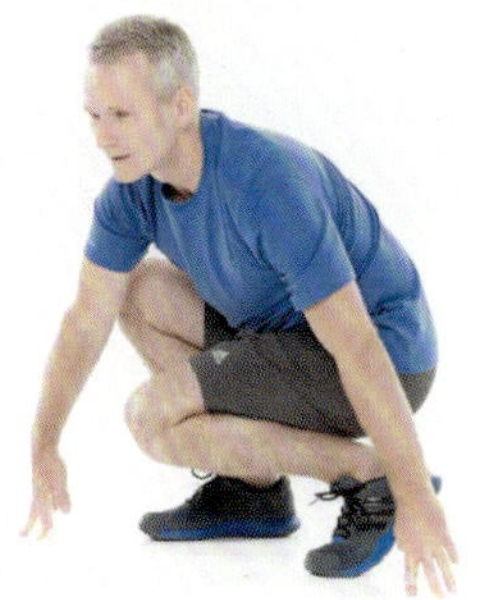

开始和结束位置：1.站立。

动作：

2.蹲下，双手放在头后部(上身向下拉伸)。

3.下蹲姿势，上半身保持直立，将肘部推入“膝盖夹”之间，将膝盖向外推压。

4.~5.指尖在地板的左右两侧略微支撑，而膝盖交替向地板运动。

5.1.2.2 臀–腿–拉伸(侧弓步)

1

2

3

开始和结束位置：右侧弓步。

动作：

1.摆动伸直的腿。

2.脚跟固定，将伸直的腿向外旋转。手臂上下摆动。

3.将伸直的腿完全向内转，抬起上身，伸展手臂，左右摆动手臂。

5.1.2.3　火烈鸟式 1

1

2

3

开始和结束位置：将伸展的腿放在椅子上或其他支撑物上。

动作：

1.上身向各个方向运动，腿可以向各个方向旋转。

2.~3.如果找到一个在肌筋膜和肌肉系统中感觉到很大拉力的位置，则在感觉最强烈的位置，轻轻摆动 3~4 次。

5.1.2.4 火烈鸟式 2

开始和结束位置：1.站立。

动作：

2.上半身向前弯曲，手臂摆动。可以的话，请用手指接触地面。摆动手臂（向前–向后–侧面）。

3.向内转动脚，摆动手臂。

4.向外转动脚，摆动手臂。

5.一只脚向内转动，另一只脚向外转动，摆动手臂。

5.1.2.5　火烈鸟式 3(积极的股四头肌拉伸)

1

2

3

开始和结束位置：一只手扶在椅子上或墙上，单脚站立。对侧腿膝关节弯曲，用另一只手拉脚至臀部。

动作：

1.足部摆动：将脚拉至臀部，积极地将膝盖向后伸展。

2.将上半身向前屈，拉直胸骨，积极地将膝盖向后伸展，脚保持在臀部位置。

3.保持动作 2 中的体位，将腿向着直立腿的斜对角方向拉伸。

5.1.2.6 阿喀琉斯跟腱拉伸

开始和结束位置:弓步,双手扶在椅子上(或墙上)支撑,后脚踩实地面。

动作:

1.将重心转移到后脚。

2.将后脚的脚跟向内转。

3.将后脚的脚跟向外转。

4.将后腿旋转到支撑腿的斜对角,摆动后脚的脚跟。

5.1.2.7 腰大肌拉伸(皮划艇式)

1

2

开始和结束位置:1.弓步,后腿的膝盖置于地面,上身直立。

动作:

2.后腿一侧的手臂向上拉伸。另一只手抓住伸出手臂的手腕,在头顶拉至最大斜度(手臂可稍弯曲)。躯干轻柔地向后屈,眼睛看向双手。

5.1.2.8 旗式

开始和结束位置：站立，腿部与髋同宽，手臂伸过头顶——最大限度地拉伸身体。

动作：

将躯干倾斜到一侧(弯曲，不要弯折)，进行小幅度/有弹性的摇摆动作。重新直立身体，在另一侧重复动作。

5.1.2.9　肩膀–手臂拉伸

开始和结束位置：站立，伸出一只手臂，将手扶在墙上或柱子上。

动作：

1.向前移动重心拉伸上身。

2.向外旋转手臂，并上下移动手臂。

3.向内旋转手臂，并上下移动手臂。

5.1.2.10 侧拉伸(用空中吊索或者在门上做)

开始和结束位置:1.站立,双脚并拢,吊索位于身体侧面。

动作:

2.向侧面坠拉(弯曲身体,不要弯折),进行轻微的摇摆。

3.身体向外转,进行轻微的摇摆。

4.身体向内转,进行轻微的摇摆。

5.1.2.11 弓式

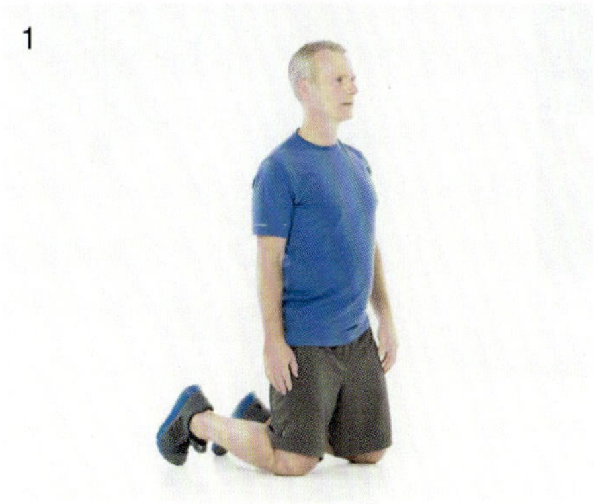

开始和结束位置：1.跪姿。

动作：

2.将右手向左脚伸展，同时向上拉伸左臂。
向前推动骨盆，并转到最大伸展位置。
进行小幅度的摆动动作。
换另一侧重复动作。

5.1.2.12 背部伸展(用空中吊索)

开始和结束位置：1.跪姿，空中吊索置于身体前面。

动作：

2.向前推动骨盆，伸展上半身，将吊索把手拉到胸部。

3.上身向后，达到最大的伸展度，始终将骨盆向前推。

5.1.2.13　四足式背部拉伸

1

2

3

4

5

开始和结束位置：1.双手和双脚着地。

动作：

2.~3.猫式，马式，重复几次。

4.猫式和马式下向侧面运动。

5.像蛇一样移动脊椎，进行脊柱所有可能的动作。

5.1.2.14 髋关节摇摆 1(背部筋膜外层)

1

2

3

开始和结束位置：

1.将手扶在靠背较高的椅子或比较高的桌子上，背部拱起。

2.~3.左右摆动骨盆。

5.1.2.15　髋关节摇摆 2(背部筋膜中层)

1

2

3

开始和结束位置：

1.将手扶在靠背较高的椅子或较高的桌子上,背部保持水平。

2.~3.左右摆动骨盆。

5.1.2.16 上下拉伸

开始和结束位置：1.站立，双脚分开与髋同宽。

动作：

2.~4.最大限度地将背部向前屈，做体前屈。可以的话，摇摆手臂，手指可以接触地面。

5.~7.直立，以最大幅度拉伸身体，并进行有弹性的摇摆（左右摆）。

5.1.2.17 跷跷板拉伸

1

2

3

4

5

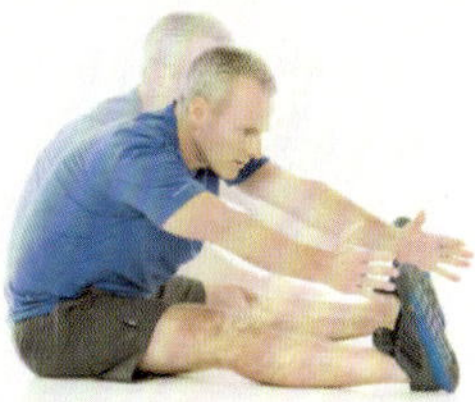

6

7

开始和结束位置：1.坐姿，保持上身直立，两腿分开与髋同宽。

动作：

2.将双腿摆过头顶，然后像弹弓一样弹回到坐姿位置。

3.~5.在坐姿位置上，分别向前、向左、向右摆动。

6.~7.将双腿再次摆过头顶，然后像弹弓一样弹回到坐姿位置。

5.1.2.18　不对称坐姿动态旋转

1

2

3

4

5

6

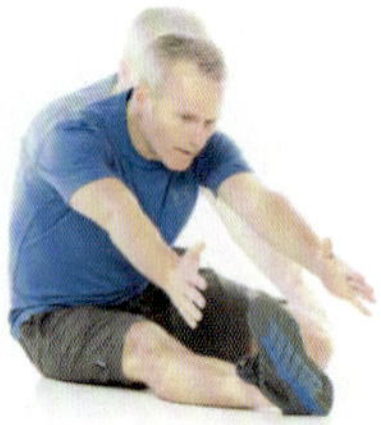

开始和结束位置：1.不对称坐姿，上身直立，右腿向后弯曲。

动作：

1.躯干向伸直的左腿旋转，用手支撑身体重量。

2.~3.上身向长腿一侧旋转，长腿会被弯曲，弯曲的腿会被拉伸。

4.回到另一侧的开始位置。

5.~6.分别向左、向右摆动。

5.1.2.19　猫式拉伸

1

2

3

4

开始和结束位置：1.将手放在椅子上，感觉指尖向前拉，尾骨向反方向。腹肌保持放松。

动作：

2.尽可能将右臂部向上伸展向天花板方向，可以的话，同时伸展膝盖。

3.抬起右脚的脚趾，然后将整个右腿向外旋转。

4.向外转动整个躯干，并摆动。

5.1.2.20 鹰飞式

1

2

3

4

5

6

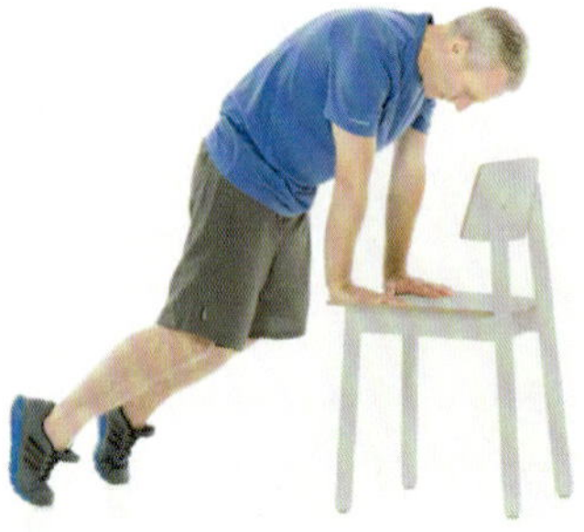

7

8

开始和结束位置：1.将手放在椅子上，感觉指尖向前拉，尾骨向反方向。腹肌保持放松。

动作：

2.~4.最大程度弯曲背部，做猫式伸展，膝盖笔直，脚趾点地。

5.腰骶部向内弯曲，将身体重心移至手上，头部向后屈，最大伸展。

6.~7.双手按压，再次向上做猫式伸展。

8.将重心慢慢后移，慢慢回到开始位置。

5.1.3 弹射训练

5.1.3.1 直接摆动

开始和结束位置：直立，双脚分开与髋同宽。

动作：手臂最大限度地摆动至头部上方，在身体两侧前后摆动时手臂紧贴身体。上身保持直立。

5.1.3.2 直接摆动并伸展

开始和结束位置：直立，双脚分开与髋同宽。

动作：

手臂越过头部摆动到伸展位置，并且手臂要弹射性地加速。

5.1.3.3　投球式(直接摆动)

开始和结束位置:站立,双手持球举过头顶。

动作:

手持球穿过两腿之间摆动。上半身再次摆动、抬起。像投球动作一样将球向前摆动。

5.1.3.4 守门员式(侧摆)

1

2

开始和结束位置:站立,双手持球置于身前。

动作:

1.右脚向同侧迈出一步,上半身随着球最大限度向右侧旋转,再弹射加速向前。

2.传球并向左侧重复动作。

5.1.3.5 背部肌肉–筋膜–练习

开始和结束位置：站立，手臂伸过头顶。

动作：

1.手臂前后摆动，上身保持直立。

2.手臂前后摆动，上身直着向前弯曲（以锻炼背部肌肉）。

3.手臂前后摆动，上身向前弯曲拱起背部，随手臂向下和向后摆动（以训练背部筋膜）。

5.1.3.6 单臂高尔夫摆动

1

2

3

开始和结束位置：站立，双脚分开一小步距离。

动作：

1.后脚同侧的手臂开始摆动。

2.手臂（向前、向后）摆动至最大动作，即最大伸展度。

3.手臂摆动至最终位置，并加速向前摆动。

5.1.3.7 双臂高尔夫摆动

1

2

开始和结束位置：站立，双脚分开一小步距离。

动作：

1.~2.同单臂高尔夫摆动，双臂完成。

5.1.3.8　摆动与跳跃 1

开始和结束位置：1.站立，一侧手臂伸过头顶。

动作：

2.手臂转圈摆动，并轻轻跳跃。

3.手臂转圈摆动，手臂向内旋转，并轻轻跳跃。

4.手臂转圈摆动，手臂向外旋转，并轻轻跳跃。

5.1.3.9 三点躯干旋转

1

2

3

开始和结束位置：1.站立，双脚分开与髋同宽，将手掌支撑在凳子或椅子上，重心压在手上。

动作：

2.右臂向高处摆动，躯干最大限度地拉伸。

3.反方向时候弹射加速摆动，手臂穿过躯干下面。注意摆动动作转换时，手臂要跟随躯干摆动。

5.1.3.10 两点躯干旋转(皮划艇式)

开始和结束位置:一侧膝盖跪地。

动作:

将手臂往后腿方向摆动至最大幅度位置。然后将手臂在前腿上方斜向上摆动至最大幅度位置。换另一侧重复动作。

5.1.3.11 飞剑式

开始和结束位置：站立，双脚分开与髋同宽。双手交叠，将手臂举过头顶。

动作：

1.躯干向前屈，双手交叠过两腿之间。
上升直立摆动并延伸，手臂稍向后弯曲。
像弹弓一样加速向前（像击剑一样）。

2.变化动作：上升到侧面，然后弹射性地向前加速。

5.1.3.12　筋膜骨盆稳定 1(腹部)

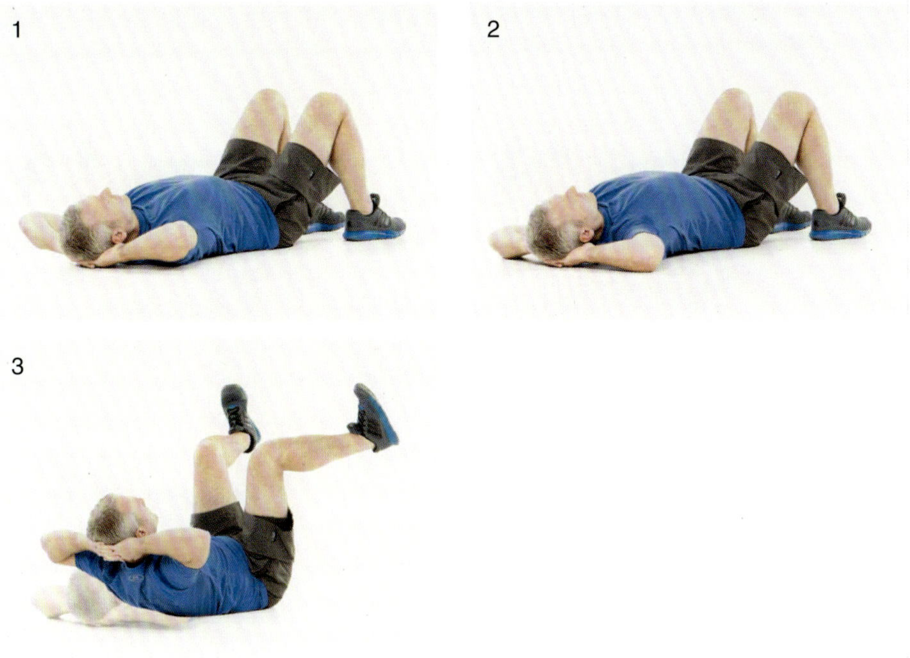

开始和结束位置：1.仰卧，腿部固定，两手交叠放在头部下方。

动作：

2.加大手臂张力，肘部向后并向两侧拉。

3.将腿抬高到 90°并采取 X 腿姿势(将膝盖保持在内部，小腿朝外，两脚绷紧)。仰卧起坐(抬起上身，然后重新放回，但无须完全放下)。

5.1.3.13 筋膜骨盆稳定 2

1

2

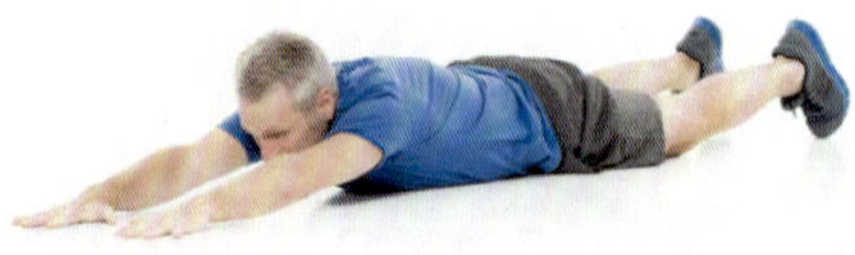

3

4

开始和结束位置：1.俯卧，手臂伸直至头部前方。

动作：

2.用手指在地面上向前伸展，使身体尽可能延长。

3.抬起双臂和双腿，伸展到最大长度。

4.交叉双臂和双腿。

5.1.3.14　腿部摆动

开始和结束位置：左腿站在一定高度（如踏板）上，右腿抬起，左手支撑在椅子上或墙上。

动作：

1. 右腿向后放松地摆动，小腿弯曲。

2.~3. 通过腿部弹性运动向前弹射加速（由躯干开始，腿跟随，小腿伸展）。然后换另一侧腿重复动作。

5.1.3.15 直接跳跃

1

2

开始和结束位置：1.站立，双脚分开与髋同宽。

动作：

2.原地轻轻跳跃，短时间与地面接触。

5.1.3.16 脚内旋/外旋跳跃

1

2

3

开始和结束位置：站立，双脚分开与髋同宽。

动作：

1.原地轻轻跳跃，短时间与地面接触。

2.双脚向内旋转。

3.双脚向外旋转。

5.1.3.17　直接在踏板上跳跃

开始和结束位置：1.走步姿势，站立，一只脚放在稍微高一点的地方（如踏板）。

动作：

2.主动踏向踏板向上跳跃，双腿在空中交换。

3.用另一只脚在踏板上重复动作。

5.1.3.18 横跨踏板跳跃

开始和结束位置：站立在踏板旁，一只脚放在踏板上。

动作：

1.主动压向踏板，从上面跃至侧面。

2.双腿在空中交换。

3.降落在另一侧，现在另一只脚在踏板上重复动作。

5.1.3.19　轻轻跳跃（直接、和缓的跳跃）

1

2

开始和结束位置：站立，双脚分开与髋同宽，站在踏板前。

动作：

1. 轻轻跳到踏板上。
2. 利用前面跳跃的力从踏板跳到地面，轻柔地落地。

5.1.3.20 硬石跳跃(僵硬、短暂的跳跃)

1

2

开始和结束位置:站立,双脚分开与髋同宽,站在踏板前。

动作:

1.跳跃到踏板上。

2.弹射性地从踏板跳下(接触时间短,膝关节稍弯曲,关键词为"僵硬"),落地,再做一次短暂、僵硬的跳跃。

5.1.3.21　悬吊(体育训练室[*])

开始和结束位置：站在地面上。

动作：

1.悬挂在杆子上，脚在地面上(或在踏板上)。

2.悬挂在杆子上，脚悬于空中。

5.1.3.22　在杆子上摆动

开始和结束位置：悬挂在杆子上。

动作：

1.~2.在杆子上摆动。

---

[*] 体育训练室是为个人训练者、体育运动员等提供功能训练的场所。更多信息请查询：https://www.artzt.eu/marken/pt-room.html

5.1.3.23 有力量的手臂 1

开始和结束位置：1.距墙壁约 1 米的距离站立，双脚分开与髋同宽。

动作：

2.身体向墙壁倾斜，上身做准备。

3.双手从墙壁上弹起(肘部小幅度活动)，然后回到开始位置。

4.~5.角度变化重复几次(双手位置移动)。

5.1.3.24　有力量的手臂 2

开始和结束位置：同前页，与墙面的距离为 1.5 米。

动作：

1.上半身向前屈，跳跃。

2.双手从墙壁上弹起(肘部小幅度活动)。

3.~4.双脚落地，并立即用脚向后推，重新向墙壁方向跳跃。

5.1.3.25 有力量的手臂 3

开始和结束位置：俯卧撑位。

动作：

俯卧撑，手臂和腿暂时悬空。落地时立刻按压回弹，短时间接触地面。重复该动作。

5.1.4　身体感知训练

5.1.4.1　来回翻(全身旋转)

1

2

3

4

5

6

7

开始和结束位置：1.仰卧，手臂和腿部伸展。

动作：

2.左臂以最大幅度斜向伸展带动上半身，左腿保持伸长，脚跟压向地面，躯干开始旋转。

3.~4.继续运动直到身体旋转到俯卧位。

注意：始终最大限度地伸展手臂和腿！

5.左腿在右腿上方伸展。

6.~7.继续运动，直到身体自动回转至仰卧位置。重复整套动作 2~3 分钟。

5.1.4.2　海星式

1

2

3

4

5

6

7

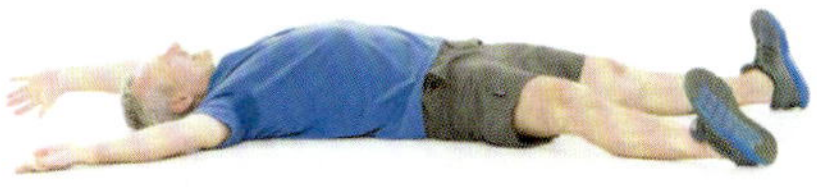

开始和结束位置：1.仰卧，手臂和腿部伸展。

动作：

2.右膝与右肘相互贴近，头部向右转，左腿和左臂保持伸展状态。

3.将左侧（伸展的左臂和左腿）像挡风玻璃刮水器（始终与地板接触）一样引导到右侧。

4.重心在右侧，采取胚胎姿势。

5.~7.伸展左侧（左臂和左腿）打开胚胎姿势，直至重心落到背部，伸展两侧手臂和腿部。重复整套动作2~3分钟。

5.1.4.3 “十字交叉”（弹力带）

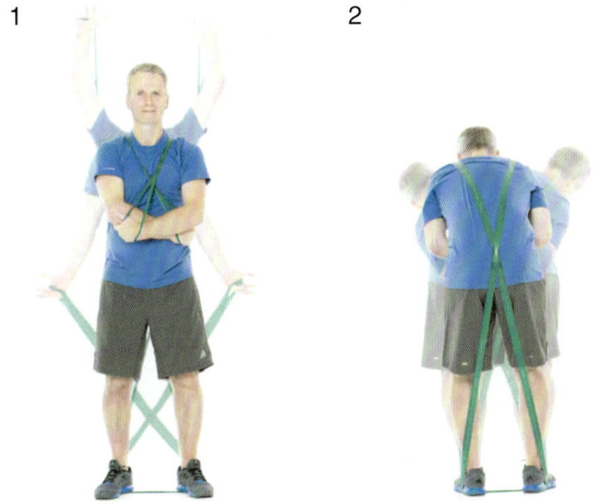

开始和结束位置：1.直立站立，双脚分开与髋同宽。脚跟踩在弹力带上，双手交叉握住弹力带的两端并拉过身体，双臂在身体前方折叠。

动作：

2.将躯干拱起向前弯曲。身体分别向左和向右旋转，去感受弹力带的触感！

5.1.4.4　专注疼痛点练习

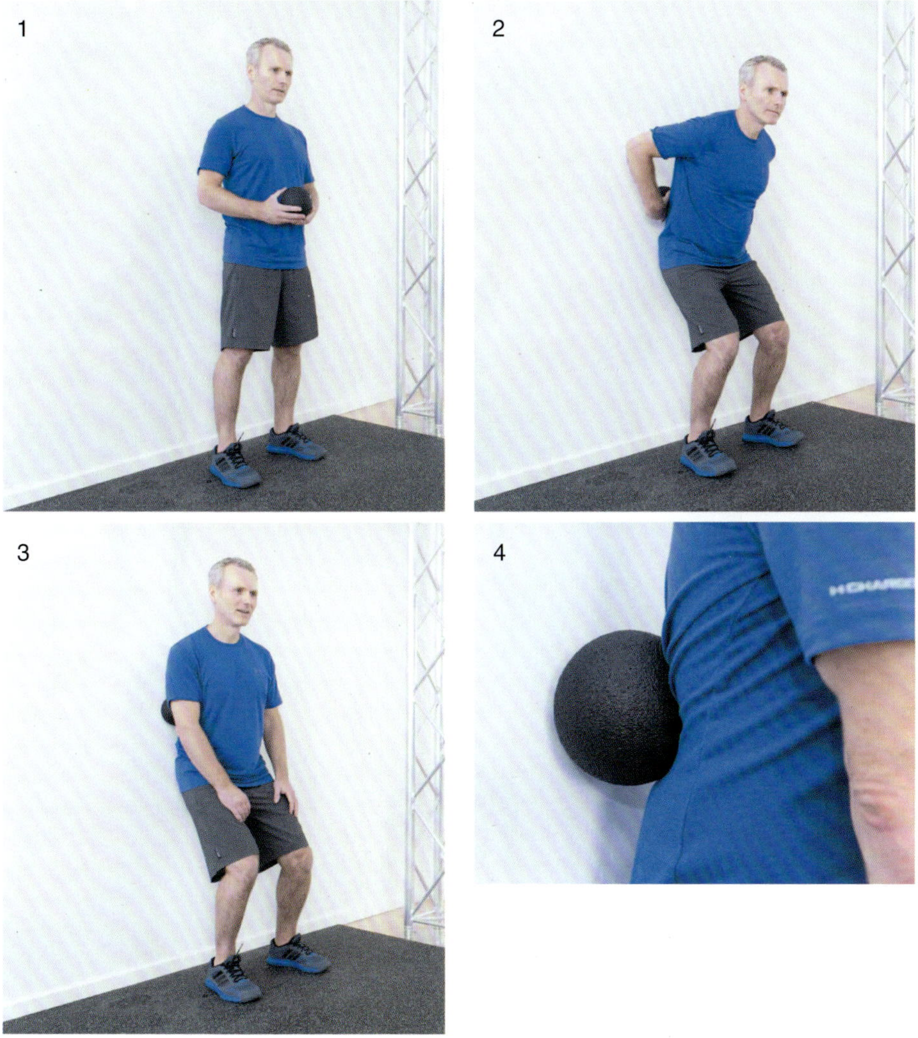

开始和结束位置：1.站立，后背靠在墙上。

动作：

2.将球放在疼痛点和墙面之间。

3.~4.按摩疼痛的区域。重要提示：练习期间，请专注于该区域。

5.2 无工具的传统练习和肌筋膜练习

5.2.1 跳–顶–变化练习

A)拉马尔的传统练习

1

2

3

4

5

开始和结束位置：1.站立，手臂放松下垂于身体两侧。

动作：

2.~5.向上跃起并在头顶击掌，落地时放下手臂，向上跃起并在胸前击掌，落地时放下手臂。

B)马库斯的肌筋膜练习

开始和结束位置:没有规定的开始姿势。

动作:

1.双腿打开,并拢时双臂在身体前交叉。

2.双臂上扬,双腿并拢。

5.2.2 动态行走

A）拉马尔的传统练习

1

2

3

4

5

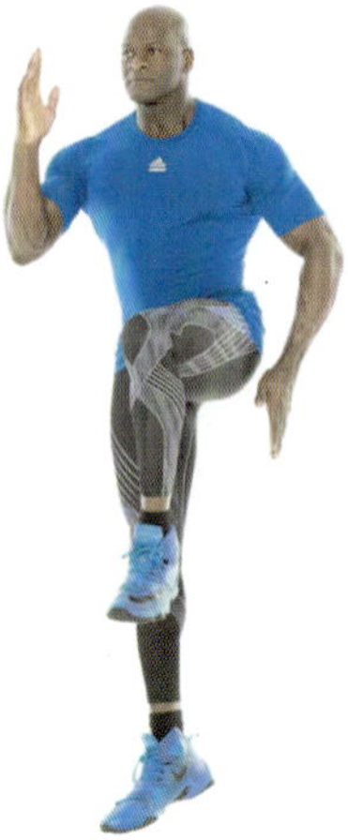

开始和结束位置：1.站立，双臂放松下垂于身体两侧。

动作：2.~5.跳跃，膝盖向上抬起，手臂向前摆动。单脚短时接触地面，直接过渡到另一侧（聚焦在向上动作，而不是向下动作）。

B)马库斯的肌筋膜练习

1

2

3

4

开始和结束位置：1.站立。

动作：2.~4.像拉马尔的传统练习一样跳跃，但两脚可接触地面，且爆发性地单脚短时接触地面（聚焦在向下动作，而不是向上动作）。

5.2.3 扭转跳跃

A)拉马尔的传统练习

开始和结束位置： 1.动态行进姿势。

动作：

2.动态跳跃+躯干旋转。

B)马库斯的肌筋膜练习

1 2 3

开始和结束位置：动态行进姿势。

动作：

1.~3.动态跳跃+躯干-骨盆反向扭转。

5.2.4 旋转跳跃

A)拉马尔的传统练习

1

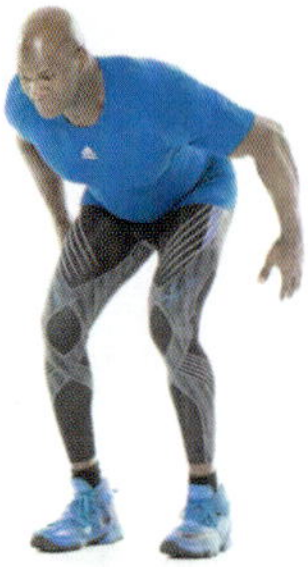

2

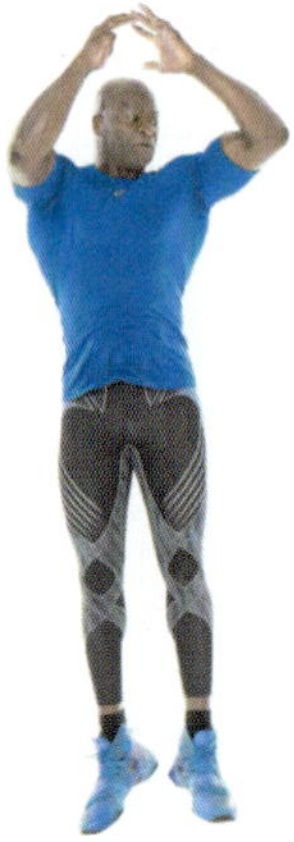

3

4

5

开始位置：1.膝关节微屈，上身向前俯，手臂弯曲，手肘微微抬至后上方。

动作：2.~5.用力向上跳跃，同时躯干直接旋转 180°。落地时膝盖有很大的角度变化，接着再次跳起，直接旋转 180°。

B）马库斯的肌筋膜练习

1

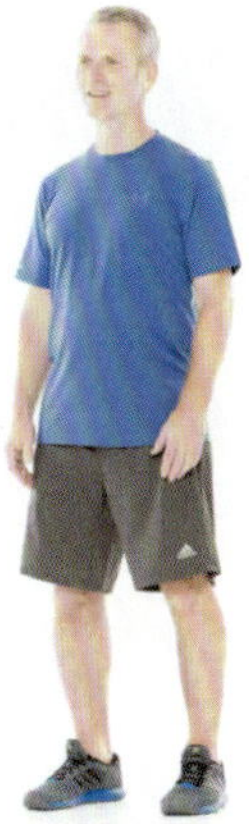

2

3

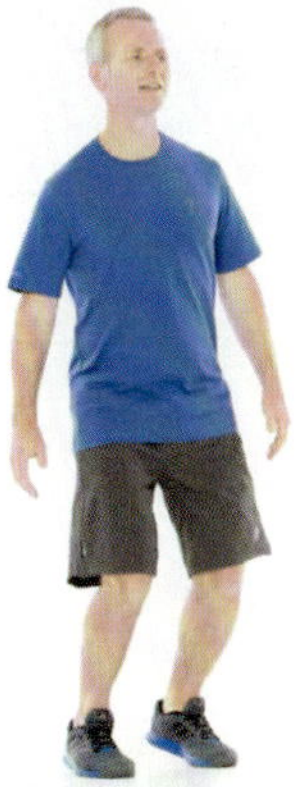

4

5

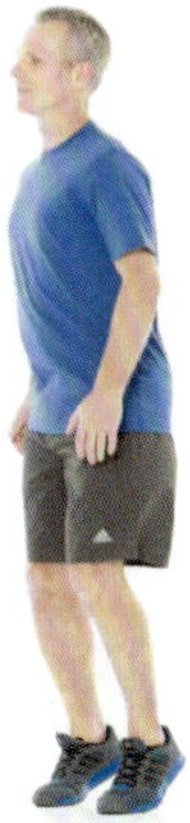

开始和结束位置：1.站立，手臂放松下垂于身体两侧。

动作：2.~5.僵硬地（膝盖角度变化小）或爆发性地旋转跳跃，落地点和方向随意（保持方向的变化即可）。

5.2.5 交叉步

A)拉马尔的传统练习

1 2 3

开始位置：1.站立，膝关节微微弯曲。手肘弯曲，手臂向前。

动作：

2.右侧弓步，左肘向右膝，手臂抬起(肘)向右上方。

3.右腿向后交叉。交换手臂，即右肘向左膝，左手臂抬高(肘)至左后上方。

换另一侧重复动作。

B)马库斯的肌筋膜练习

1

2

3

开始和结束位置：站立。

动作：

1.~2.两手臂上下交叉伸展，同时两腿前后交叉交换位置。

3.手臂最大范围伸展，换对侧时进行弹性加速(手臂和脚部)。

5.2.6 T字跳(用三角标)

A)拉马尔的传统练习

1

2

3

4

5

6

开始位置:1.站立,膝关节微微弯曲。

动作:2.~6.跳到正前方的三角标,先跳到左边,然后直接跳到右边,再跳到中间的三角标,最后回到开始位置。跳跃时用力向上,伴随较大的地面接触和较大的膝盖角度变化。

B)马库斯的肌筋膜练习

1

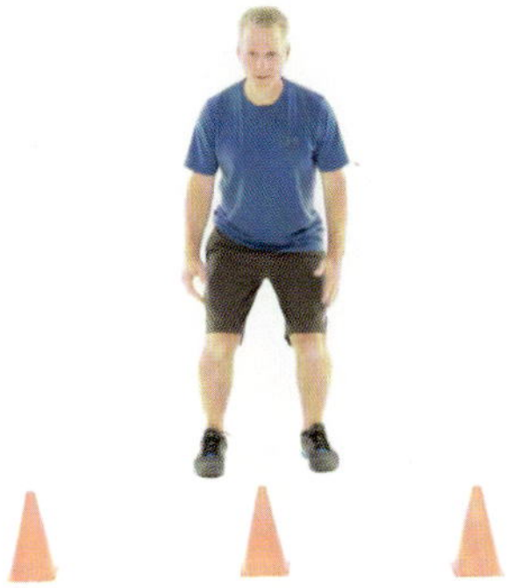

2

3

4

5

6

开始和结束位置:1.站立,膝关节微微弯曲。

动作:2.~6.小地、快速地、爆发性地跳跃,伴随短时间地面接触和小的膝盖角度变化——关键词为“僵硬”。其他动作同拉马尔的传统练习。

5.2.7 下蹲变化动作

A)拉马尔的传统练习

开始位置:站立,双臂放松下垂于身体两侧。

动作:

右腿向旁侧迈出一大步,笔直地放低上半身,手臂向前伸至水平位置,然后返回起始位置。换另一侧重复动作。

B)马库斯的肌筋膜练习

开始和结束位置：站立，双臂举过头顶。

动作：

将身体后背拱起，双臂向前、向下、向后摆动。在极限位置，再次弹跳站起。

5.2.8 蜘蛛侠

A)拉马尔的传统练习

1

2

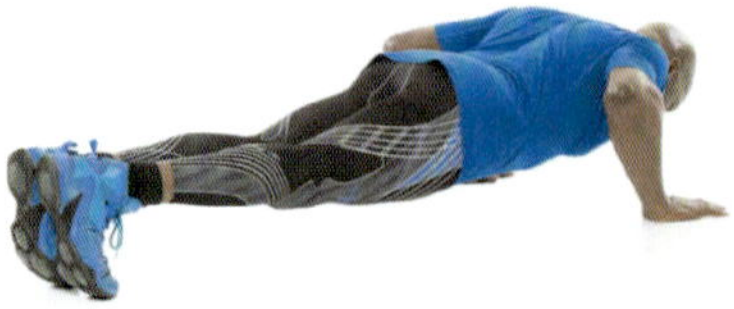

3

4

开始和结束位置：1.俯卧撑位。

动作：

2.~4.做一次完整的俯卧撑动作，在上身支撑位置交替将左右膝盖向侧面拉伸。

B)马库斯的肌筋膜练习

1

2

3

4

开始和结束位置:俯卧撑位。

动作:

1.俯卧撑。双臂和双脚支撑。

2.~3.左右膝盖交替弯曲从侧面由后向前伸,并立即像弹弓一样弹回。重复几次。

4.落地时立即再次按压弹起。接触地面时间短。重复几次。

以下三组练习，也可以辅助小工具来加大动作难度。

5.2.9 用/不用环形弹力带的侧步练习

A)拉马尔的传统练习 

开始和结束位置：站立，膝关节微微弯曲。肘部弯曲，手臂靠近身体。

动作：向侧面跨步(一条腿始终支撑于地面)。步幅大且速度慢。

B)马库斯的肌筋膜练习

开始和结束位置:站立,膝关节微微弯曲。肘部弯曲。

动作:用小步幅弹跳式侧移(两脚都悬空)。动作时间短而快。

5.2.10 用/不用球的侧支撑扭转

A)拉马尔的传统练习

用球的侧支撑扭转

1

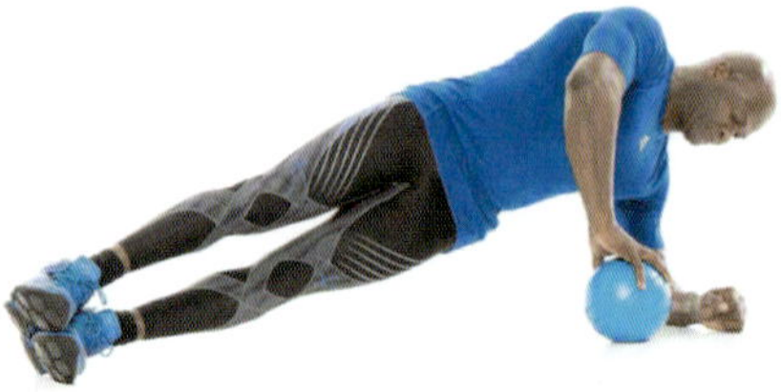

2

3

开始和结束位置：1.左肘侧支撑身体，上半身抬起。右手放在身体前方的球上。

动作：

2.~3.在将身体旋向地面的同时，将球从身下滚过去。换对侧重复。

B)马库斯的肌筋膜练习

不用球的侧支撑扭转

1

2

开始和结束位置:左肘侧支撑身体,上半身抬起。

动作:

1.向后伸展一只手臂,使躯干向后旋转。

2.躯干向前、向下、向后旋转,然后换对侧重复动作。可多重复几次。

5.2.11 引体向上

A)拉马尔的传统练习

开始和结束位置: 1.悬吊在杆子上,手臂伸直。

动作:

2.手臂弯曲并向上拉伸(引体向上)。

B)马库斯的肌筋膜练习

开始和结束位置：站在杆子下面。

动作：

1. 手臂稍微弯曲，跳起抓住杆子。

2.~3. 握住杆子并允许手臂被动由身体重力延展。

4. 松开杆子，轻轻落地，回到起始位置。

5.3 用负重手环做传统练习和肌筋膜练习

5.3.1 推/摆动

A)拉马尔的传统练习

站立推动

1

2

开始位置: 1.站立,手肘弯曲。

动作:

2.双手用力向前推动(手肘伸直)。

结束位置: 手肘伸开。

B)马库斯的肌筋膜练习

站立摆动

开始和结束位置：站立，双臂举过头顶。

动作：

双臂向前、向后摆动，然后回到起始位置。上身保持直立。

5.3.2 跑步 & 横向摆动

A)拉马尔的传统练习

原地跑步(双脚平行站立或者前后站立)

1

2

3

开始位置:1.迈步姿势,右腿和右臂在前面。

动作:

2.手臂强有力地来回运动(像跑步一样)。

结束位置:3.迈步姿势,右腿和左臂在前面。

B)马库斯的肌筋膜练习

横向摆动

1

2

3

开始和结束位置：1.迈一小步，一只手臂向上、向前，同时另一只手臂向下、向后伸展。上身向后臂方向旋转。

动作：

2.~3.伸展的手臂来回摆动，上半身从一侧旋转到另一侧。

5.3.3 横向走步 & 摆动

A)拉马尔的传统练习

1

2

3

开始和结束位置：1.站立，膝关节微微弯曲，手臂在前，肘部弯曲。

动作：

2.~3.向左斜方向迈步，同时向左张开左臂，上身随之(向左)旋转。手臂击掌并拢(右臂向左)，然后返回到起始位置。换对侧重复动作。

B)马库斯的肌筋膜练习

1

2

3

开始和结束位置： 1.站立，双臂放松下垂于身体两侧。

动作：

2.由躯干旋转带动手臂旋转摆动(躯干扭转–手臂跟随)。

3.弹射性地改变方向(躯干转向–手臂跟随)。

5.4 用重力球做传统练习和肌筋膜练习

5.4.1 摆球

A)拉马尔的传统练习

1

2

3

开始和结束位置: 站立,双手持球,球与骨盆位置持平。

动作:

1.左脚迈出,手拿着球向前伸,上半身保持直立。慢慢降低上半身(手臂靠近耳朵)。

2.~3.保持姿势,手臂保持伸长,将上身分别向左和向右旋转。注意保持脚的稳定!返回起始位置并换对侧重复动作。

B)马库斯的肌筋膜练习

1

2

开始和结束位置:站立,两脚前后分开呈迈步姿势,双手拿球举过头顶。

动作:

1.从前腿的一侧向后摆动球。

2.弹射性地反转摆动,回到起始位置。换对侧重复动作。

5.4.2 多向推球

A）拉马尔的传统练习

1

2

3

开始和结束位置：1.双脚迈一大步分开站立。双手持球在胸前。

动作：

2.~3.用力向各个方向推球。

B)马库斯的筋膜练习

1

2

开始和结束位置:双脚迈一大步分开站立。手臂伸直持球举过头顶。

动作:

1.躯干向前弯曲,双手持球摆动至双腿之间。

2.躯干分别向左或向右旋转时,球跟着垂直摆动。

5.4.3 水平推球

A)拉马尔的传统练习

开始和结束位置:双脚迈一大步分开站立。双手持球放于胸前。

动作:

随着上半身转动,向左或向右用力推球。

B)马库斯的肌筋膜练习

1

2

开始和结束位置:双脚大步分开站立。双手持球放于胸前。

动作:

1.~2.在胸口高度水平左右摆球,弹射性地分别向左和向右旋转。

5.4.4 Y形推 & 摆动

A)拉马尔的传统练习

Y形推

开始和结束位置：双脚迈一大步分开站立。双手持球放于胸前。

动作：

用力向上、向右、向左做推球动作。

B)马库斯的肌筋膜练习

Y 形摆动

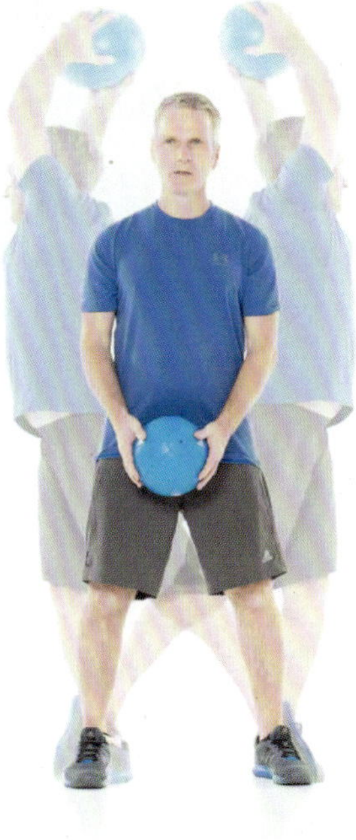

开始和结束位置：双脚迈一大步分开站立。双手持球放于胸前。

动作：

最大限度地向上摆球，弹射性地向各个方向旋转。

5.4.5 背部伸展

A)拉马尔的传统练习

开始和结束位置:双脚迈一大步分开站立。双手持球在胸前。

动作:

膝关节弯曲,将上半身从膝盖处向后倾斜(骨盆保持稳定),然后慢慢拉直。球保持在胸前位置。

B)马库斯的肌筋膜练习

1

2

开始和结束位置:直立,双臂伸直持球举过头顶。

动作:

1.有弹性地向后摆动(伸展),身体弯曲但不要弯折。

2.身体向侧后方(左和右)有弹性地摆动。

5.4.6 弓步推

A)拉马尔的传统练习

1

2

开始和结束位置：站立，双手持球在胸前。

动作：

1. 弓步向前，同时将球向前用力推。
2. 回到起始位置(球在胸前)，然后将球用力举过头顶。

B) 马库斯的肌筋膜练习

1

2

开始和结束位置：身体直立，双手持球在胸前。

动作：

1. 右臂向后移动，同时右腿向前迈一步。

2. 弹射性地改变方向。右臂从后向斜上方摆动，同时右腿向后退一步。左腿仍保持站立。换对侧重复动作。

5.4.7 击球 & 跳跃

A)拉马尔的传统练习

开始和结束位置：站立，持球在骨盆的高度。

动作：

1.上半身旋转向左上方摆球，然后在身体同侧向地面上用力击球。

2.~3.拿起球，换身体的另一侧做同样的动作。

4.把球放在身体侧面，用力跳过球。

5.将球放置在对侧，重复动作。

B)马库斯的肌筋膜练习

1

2

3

4

5

开始和结束位置:站直,双手在胸前持球。

动作:

1.球从侧面向上摆动,并带动跳跃。

2.在空中,主动将球用力击向地面。

3.将球捡起,重复 3 次动作。

4.~5.完成后,将球放在一边,越球跳 6 次(重点:短时间接触地面,关键词为“僵硬”)。

5.4.8 绕腿 8 字弧

A)拉马尔的传统练习

1

2

3

开始和结束位置:站立,单手持球,球保持在骨盆高度。

动作:

1.~2.弓步向前,将球绕着前腿做“8”字弧。向前保持稳定的弓步姿势。

3.回到站立位,换另一侧腿重复动作。

B)马库斯的肌筋膜练习

1

2

3

开始和结束位置：站立，双手持球放在胸前。

动作：

1.左脚向前迈出一步。同时用球做“8”字动作，从左腿开始，然后到右腿上方，最后回到开始位置。

2.~3.现在右脚向前迈出一步，换另一侧重复该动作。

5.4.9 水平传球

A)拉马尔的传统练习

1

2

3

开始和结束位置：直立，双手持球放在胸前。

动作：

1~3.两脚站稳，球在两手之间快速地传来传去。球与手掌接触时间短。

B) 马库斯的肌筋膜练习

1

2

3

开始和结束位置：直立，一只脚迈出一小步。球放在胸前。

动作：

1.右臂向后移动，弹射性地改变方向。带球的右臂在胸部高度像扔铁饼一样加速，带动跳跃动作。

2.跳跃时在身体前面将球移交给另一只手。

3.落地，换对侧重复动作。

5.4.10 上身-转体 & 摆动

A)拉马尔的传统练习

转体练习

1

2

开始和结束位置：1.弓步，球置于右肩上。

动作：

2.上身向球的一侧旋转，骨盆保持稳定。换另一侧腿做动作。

B)马库斯的肌筋膜练习

摆动

开始和结束位置:直立站立,双手持球放在胸前。

动作:

右腿向前迈步,同时球从右腿向上摆动。弹射性地变换动作,将球从右后方斜向左摆动,背部伸展。重复动作几次,然后换对侧重复动作。

5.4.11 对角线卷腹

A)拉马尔的传统练习

开始和结束位置:仰卧位。手臂向上伸长,将球保持在头部上方,并将左腿抬离地面。

动作:

上半身抬起并向右微微转动。将球移向伸直的腿。眼睛看球,左腿抬起。回到仰卧位,换另一侧腿重复动作。

B)马库斯的肌筋膜练习

1

2

开始和结束位置：仰卧位，一个球置于上背部下方。双腿打开。

动作：

1.双臂将另一个球举过头顶伸展。双臂摆动，将球向后摆动。

2.利用延展的力爆炸性地向侧面运动。再次将上身带回并再次摆动。重复动作几次。

5.4.12 侧支撑点压 & 拉伸

A)拉马尔的传统练习

侧支撑点压

开始和结束位置:左侧支撑,右臂向上拉伸。球放于髋关节下。

动作:

髋部慢慢下沉接触到球,轻轻地压下并返回。换对侧重复动作。

B）马库斯的肌筋膜练习

侧支撑拉伸

开始和结束位置：侧躺，将球放在胸腔位置。让同伴压住脚。手向头顶上方伸展，并放在另一个球上。

动作：摆动放在球上的手，使球向前滚动。

5.4.13 收缩转体

A)拉马尔的传统练习

坐姿转体

1

2

3

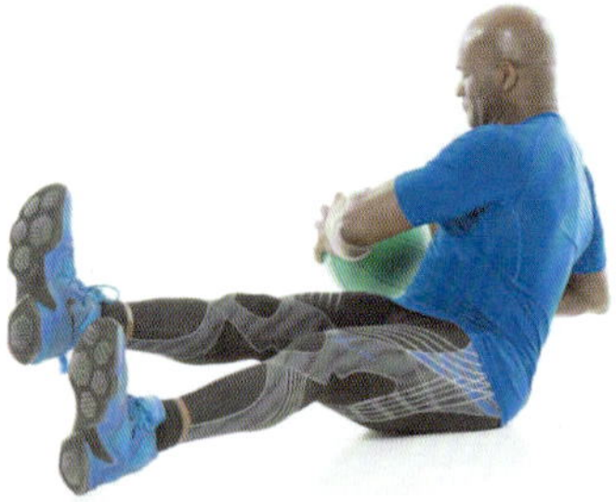

4

5

开始和结束位置：1.坐位，双腿伸直，双手持球，球在上身前方。右腿抬起。

运动：

2.~5.上身左右旋转。腿始终保持抬离地面。换另一侧腿重复动作。

B）马库斯的肌筋膜练习

仰卧位

1

2

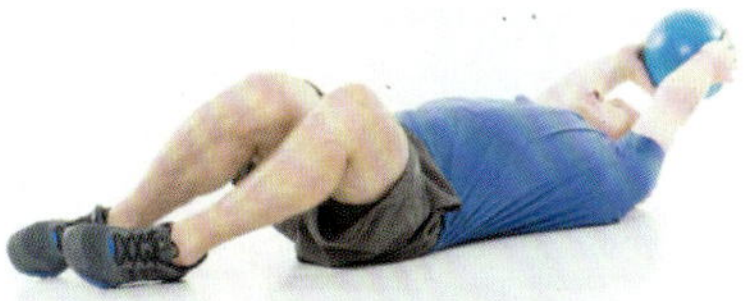

3

开始和结束位置：仰卧位。双腿打开。双手持球，双臂在头部上方伸展。

动作：

1.抬起上半身，将球摆动到膝盖位置。

2~3.上半身向一侧躺下，同时膝盖向另一侧横向弯曲。弹射性地将上半身和膝盖回到起始位置。重复几次动作。

5.4.14 上身旋转

A)拉马尔的传统练习

被动式旋转

开始和结束位置：1.直立站立，双手在骨盆高度持球。

动作：

2.~4.上、下、左、右做掷球动作(球不脱手)。

B)马库斯的肌筋膜练习

主动式旋转

开始和结束位置：1.直立站立，在骨盆高度持球。

动作：

2.~3.躯干向左和向右旋转。

4.第三次旋转时将球向后掷给同伴。

5.5 用弹力带做传统练习和肌筋膜练习

5.5.1 劈柴式

A)拉马尔的传统练习

开始和结束位置：皮划艇姿势，弹力带绑在后脚上。双手在头顶抓住弹力带另一端。手臂伸直，目视前方。

动作：

将上半身慢慢向前弯曲，双臂交叠在一起拉伸。返回到直立位置。重复几次动作。

B)马库斯的肌筋膜练习

1

2

3

开始和结束位置：皮划艇姿势，弹力带绑在后脚上。双手在头顶抓住弹力带另一端。手臂伸直，目视前方。

动作：

向上拉带子。向前俯下身体，拉直带子，并向右、向左拉直。回到起始位置。重复几次动作。

5.5.2 横向弯曲

A)拉马尔的传统练习

1

2

开始和结束位置:左腿膝盖跪地,右腿侧伸伸直。弹力带压在侧伸一侧的脚上。双手在头后抓住弹力带另一端。

运动:

向右侧短时间屈身,然后由弹力带带动向左侧侧屈。换对侧腿重复动作。

B) 马库斯的肌筋膜练习

开始和结束位置:左腿膝盖跪地,右腿侧伸伸直。弹力带压在侧伸一侧的脚上。双手在头后抓住弹力带另一端(可以将弹力带握得更短,以此积累更多动力)。

动作:

在不同方向弹射性地向右侧侧屈，并在两次屈体之间始终保持上身直立。换对侧腿重复动作。

后述练习是在功能训练室中进行的。功能训练室提供了对所用小型装备进行各种固定和悬挂方法的可能性。如果是在家里，你也可以把弹力带的一端固定在门上，进行训练。

5.5.3 蝴蝶式

A)拉马尔的传统练习

开始和结束位置：1.背对弹力带站立。手臂侧向伸展，抓住带子与肩同高。拉伸手臂。

动作：

2.抵抗阻力将手臂回收，然后再伸展。

B)马库斯的肌筋膜练习

开始和结束位置：1.背对弹力带站立。手臂侧向伸展，抓住带子与肩同高。手臂被拉伸。

动作：

2.~3.对抗弹力带向后的拉力。在极限位置进行不同方向的摆动动作。

5.5.4 弓步推

A)拉马尔的传统练习

手臂交叉的弓步推

开始和结束位置:1.背对弹力带站立。手臂侧向伸展,抓住带子与肩同高。手肘弯曲。

动作:

2.弓步向前,同时双臂抵抗阻力向前拉伸(保持在中间位置)。

3.右臂举过头顶,与左手形成对角线。

4.重新回到中间位置,并用左臂做同样的动作。回到初始位置。

B)马库斯的肌筋膜练习

手臂向后拉伸的弓步推

开始和结束位置：1.背对弹力带站立。双臂伸展举过头顶。

动作：

2.弓步向前，双臂对抗阻力向前伸展。

3.身体越过前腿上方向后旋转，并在极限位置进行弹性运动。换对侧腿重复动作。

5.5.5 跑步

A)拉马尔的传统练习

开始和结束位置:面对弹力带站立。抓住带子末端举到臀部高度。

动作:

1.~2.用手臂-腿部对侧运动的动作原地跑。手臂通过弹力带做阻力抵抗。

B)马库斯的肌筋膜练习

开始和结束位置：背对弹力带站立。抓住弹力带末端举到臀部高度。

动作：

1.~2.用手臂-腿部对侧运动的动作原地跑。手臂被动地通过弹力带向后做伸展。

5.5.6 反向蝴蝶式

A)拉马尔的传统练习

开始和结束位置: 1.面向弹力带弓步向前,双手抓住弹力带末端到肩膀高度,手臂伸长。

动作:

2.手臂对抗阻力向两侧拉,然后再次在身前合并。重复几次动作。

B)马库斯的肌筋膜练习

开始和结束位置:1.在弹力带前站立,带子略高于肩部。双臂向前,在胸部高度伸展并拉住弹力带。

动作:

2.向后撤步成弓步,同时手臂向两侧伸展,躯干稍向后弯曲(伸展)。

3.在最终的位置做摆动动作。

5.5.7 侧弯

A）拉马尔的传统练习

横向拉动

开始和结束位置：1.站在弹力带侧面。双手抓住弹力带末端举过头顶，手臂伸长。

动作：

2.侧向迈一步，同时上半身侧弯，手臂伸长对抗阻力。重复几次动作。

B)马库斯的肌筋膜练习

横向拉伸

开始和结束位置:1.站在弹力带侧面。双手抓住弹力带末端举过头顶,手臂伸长,轻轻地把弹力带稍微拉向侧面。

动作:

2.将与弹力带同侧的腿向前交叉迈步,躯干侧屈(注意不是弯折,而是弯曲)。利用最终位置的拉力,身体弹射性地恢复直立,腿同时撤回起始位置。

5.5.8 整体旋转

A)拉马尔的传统练习

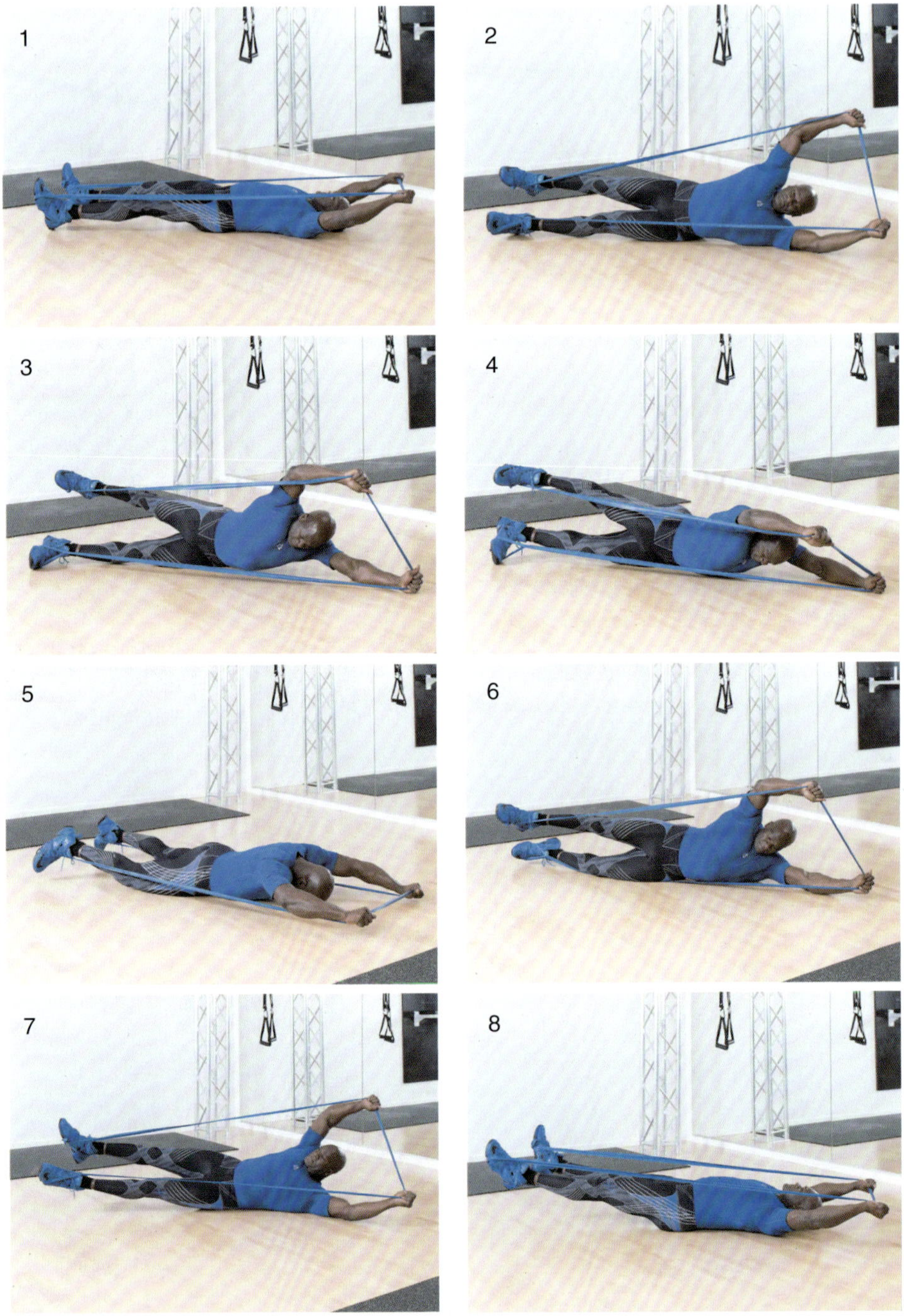

开始和结束位置：仰卧位。弹力带的末端套在脚上，手抓住弹力带，双手分开，与肩同宽。

动作：

1.将手臂和腿稍微抬离地面。

2.~5.身体向一侧翻到俯卧位置。

6.~8.在俯卧位置上向一侧翻，然后再翻回到仰卧位置。

注意：全程手臂和腿保持伸直，不要接触地面。

B)马库斯的肌筋膜练习

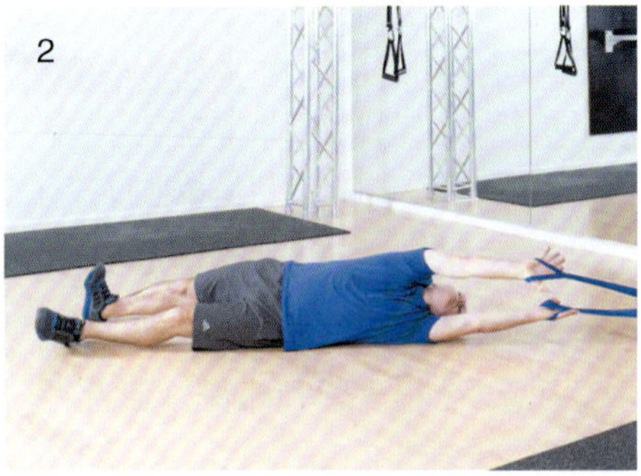

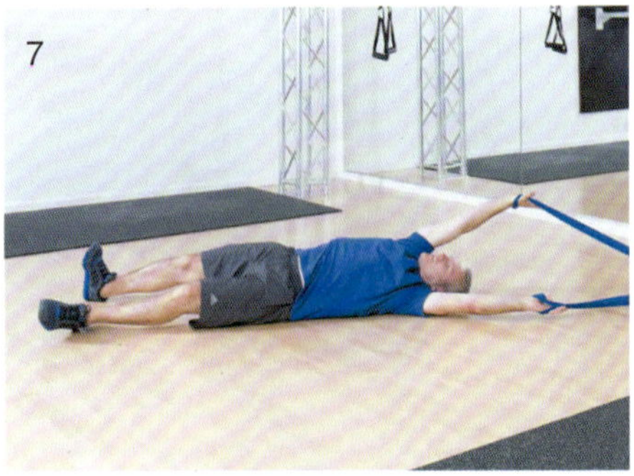

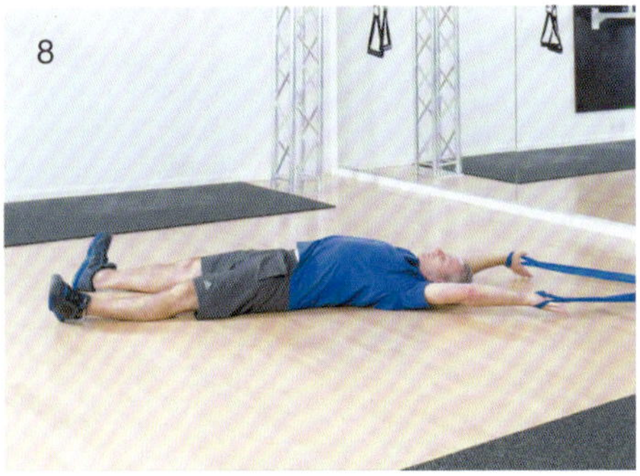

开始和结束位置：1.仰卧位，双臂伸展举过头顶。弹力带固定在手臂上，双手分开与肩同宽。双臂拉直。

动作：

2.左侧手臂向对角线越过上半身最大程度伸展，左腿保持伸长，脚跟向地面压，躯干开始旋转。

3.~4.向前继续运动直到身体旋转到俯卧位。注意：一直保持手臂和腿的最大伸展。

5.左腿伸展越过右腿。

6.~8.向前运动，直到身体旋转回到仰卧位。

5.5.9 有力的腿

A)拉马尔的传统练习

开始和结束位置：1.背对弹力带弓步站立。弹力带的末端套在后腿的脚踝上。对侧手臂向后(类似于跑步姿势)。

动作：

2.用力对抗弹力带的阻力,向前抬起膝盖,同时摆动手臂。

B)马库斯的肌筋膜练习

开始和结束位置：1.不使用弹力带，单腿站立。一只手撑在杆子上或者扶在墙上。自由的腿向后放松地摆动，小腿弯曲。

动作：

2.通过腿部运动弹射性地向前加速摆动（由躯干开始–大腿跟随–小腿伸展）。

3.摆动回去。换对侧腿重复动作。

5.5.10 变式弓步

A)拉马尔的传统练习

开始和结束位置：1.站在弹力带的侧面。弹力带从侧面套在大腿部位，在膝关节上方横向拉。

动作：

2.~3.用套着弹力带的腿向前、向后做大步弓步动作。支撑一侧的腿膝关节尽可能保持笔直。重复几次动作。

B) 马库斯的肌筋膜练习

开始和结束位置：1.站立。弹力带从侧面套在大腿部位。

动作：

2.~3.用自由的腿向前、向后弹射性地摆动。对侧手臂随之摆动。重复几次动作。

5.5.11 侧跳

A)拉马尔的传统练习

开始和结束位置: 1.冲刺姿势,弹力带从腰部侧面拉出。

动作:

2.~3.用力对抗弹力带的阻力,向侧面跳动。回到起始位置并短暂保持。手臂朝相反的方向运动。

B）马库斯的肌筋膜练习

开始和结束位置：1.站立，弹力带从腰部侧面拉出。

动作：

2.~3.弹射性地跳动，短暂接触地面，对抗弹力带的阻力分别向左、向右跳跃。

5.6 用空中吊索做传统练习和肌筋膜练习

5.6.1 弯弓射箭

A)拉马尔的传统练习

开始和结束位置：1.在吊索侧面向前迈一步，眼睛看向空中吊索。两脚前后站立。手臂伸展，双手抓住吊索拉环。

动作：

2.~3.交替弯曲、拉伸左右手臂。

B)马库斯的肌筋膜练习

开始和结束位置:1.站在空中吊索的侧面,左脚向前迈一步,眼睛看向吊索的相反方向。两脚前后站立。手臂弯曲。

动作:

2.向侧面弯曲,并向内摆动。

3.向侧面弯曲,并向外摆动。

5.6.2 弓步手臂伸展

A)拉马尔的传统练习

开始和结束位置:1.背对空中吊索站立,两手拉住弹力带,双臂举到胸部的高度,在身体前方伸展。

动作:

2.~5.向前迈弓步,手臂在头顶拉伸。保持这个动作,然后上半身分别向左和向右倾斜。

B)马库斯的肌筋膜练习

开始和结束位置:1.背对着空中吊索站立,左脚向前迈一步。双臂举过头顶伸展。从斜上方抓住空中吊索。

动作:

2.胸部向前摇摆。手臂对抗阻力。

3.胸部向侧面摆动。手臂对抗阻力。换对侧腿重复动作。

5.6.3 向后起落

A)拉马尔的传统练习

开始和结束位置：1.双手抓住空中吊索，双臂伸直，身体呈“平板”姿势，目光看向空中吊索。

动作：

2.~4.通过手臂推和拉的动作将身体直立起来，到完全的站立位。然后再回到起始的悬吊位置。重复几次动作。

B)马库斯的肌筋膜练习

开始和结束位置：1.面对空中吊索直立。双臂最大限度地弯曲，吊索把手处于胸部高度。

动作：

2.~3.手臂摆动拉伸，直到身体呈坐位。

4.~6.弹射性地将身体拉回到直立位。

5.6.4 降落式推动和摆动

A)拉马尔的传统练习

开始和结束位置：1.拉长空中吊索，眼睛看向地面。双臂在头顶上方伸展。

动作：

2.~5.手臂伸直向两侧打开，手肘弯曲以身体张力在空中吊索上悬挂（肩胛骨收紧）。前臂主动向前推，然后再次弯曲。回到初始位置。

B）马库斯的肌筋膜练习 

开始和结束位置：背对空中吊索直立站立。左脚向前迈一步。同侧手臂向后伸展。对侧手臂向上伸展。空中吊索提供初始张力。

动作：

1.胸腔向前摆动，手臂完全向外旋转。

2.胸腔向前摆动，手臂完全向内旋转。换对侧腿重复动作。

5.6.5 下蹲

A)拉马尔的传统练习

开始和结束位置：1.站立(背部轻微向后),眼睛看向吊索方向。双臂伸直。

动作：

2.膝关节弯曲,下蹲。

3.~4.回到起始位置。重复动作。

B)马库斯的肌筋膜练习

开始和结束位置:1.面对空中吊索站立。手持空中吊索把手在骨盆高度。手臂稍微弯曲。

动作:

2.上半身向下摆动,直到身体呈坐位,同时手臂伸直。

3.~4.利用空中吊索的拉力使上半身弹射性地拉回,恢复站立。重复几次动作。

5.6.6 肱二头肌卷曲和拉伸

A)拉马尔的传统练习

肱二头肌坐姿卷曲

开始和结束位置:1.下蹲姿势,背部微微向后靠,眼睛看向吊索方向。手臂向前伸直。

动作:

2.手肘弯曲,同时上半身向上拉,然后手臂再次伸直。重复几次动作。

B)马库斯的肌筋膜练习

肱二头肌向后拉伸

开始和结束位置：1.背对空中吊索站立，保持屈髋姿势。手臂弯曲。在吊索上保持拉力。

动作：

2.稍微向前迈一步，同时手臂向后拉伸，胸腔向前弯曲。

3.~4.弹射性地回到初始位置。

5.6.7 俯卧撑

A)拉马尔的传统练习

开始和结束位置:1.以平板姿势悬吊,眼睛看向地面。双臂弯曲。

动作:

2.双臂伸直,并再次弯曲,回到起始位置。重复几次动作。

B)马库斯的肌筋膜练习

开始和结束位置:1.身体背对空中吊索向前倾,双臂伸直。

动作:

2.以横扫动作弯曲手臂。身体几乎是水平的。在最终位置,做小幅度的弹性运动。然后利用空中吊索的张力摆回到初始位置。

第6章 整套训练课程

6.1　综合肌筋膜练习的功能训练课程

以下训练课程是为业余人士专门设计的。

每组动作均以快速滚动开始，以缓慢滚动结束。

1.快速滚动

滚入不是要放松筋膜，而是要调动体内的水分，刺激新陈代谢并改善机体感受。这就是为什么我们要快速滚动，并且每组动作只滚动 6~8 次。请见第 198~199 页。

2.练习

请注意，这里并不总是选择本书前面介绍的直接的肌筋膜变化练习。

请练习以下动作。

拉马尔的传统练习：

第 200 页

重复 10~15 次。

然后是马库斯的肌筋膜练习：

第 201 页

重复 10~12 次(大约 30 秒)。

3.缓慢滚动

关注自己身体的感受并滚动您想要的区域。相关练习请参见第 46~52 页。

大腿后部滚动
(5.1.1.2)
02
腓肠肌滚动
(5.1.1.1)
01
胸部滚动
(5.1.1.12)
11
快
速
头/颈滚动
(5.1.1.11)
10
09
背部滚动
(5.1.1.10)

滚动
大腿外侧滚动
(5.1.1.3)
03
04
大腿内侧滚动
(5.1.1.4)
05
胫骨滚动
(5.1.1.5)
06
大腿前侧滚动
(5.1.1.6)
07
臀部滚动
(5.1.1.7)
08
手臂支撑下的
下背部滚动
(5.1.1.8)

练习

弓步手臂伸展
(5.6.2)

02

01

弓步推
(5.5.4)

11

四足式
背部拉伸
(5.1.2.13)

大约练习 2 分钟！

10

蜘蛛侠
(5.2.8)

09

Y 形推 & 摆动
(5.4.4)

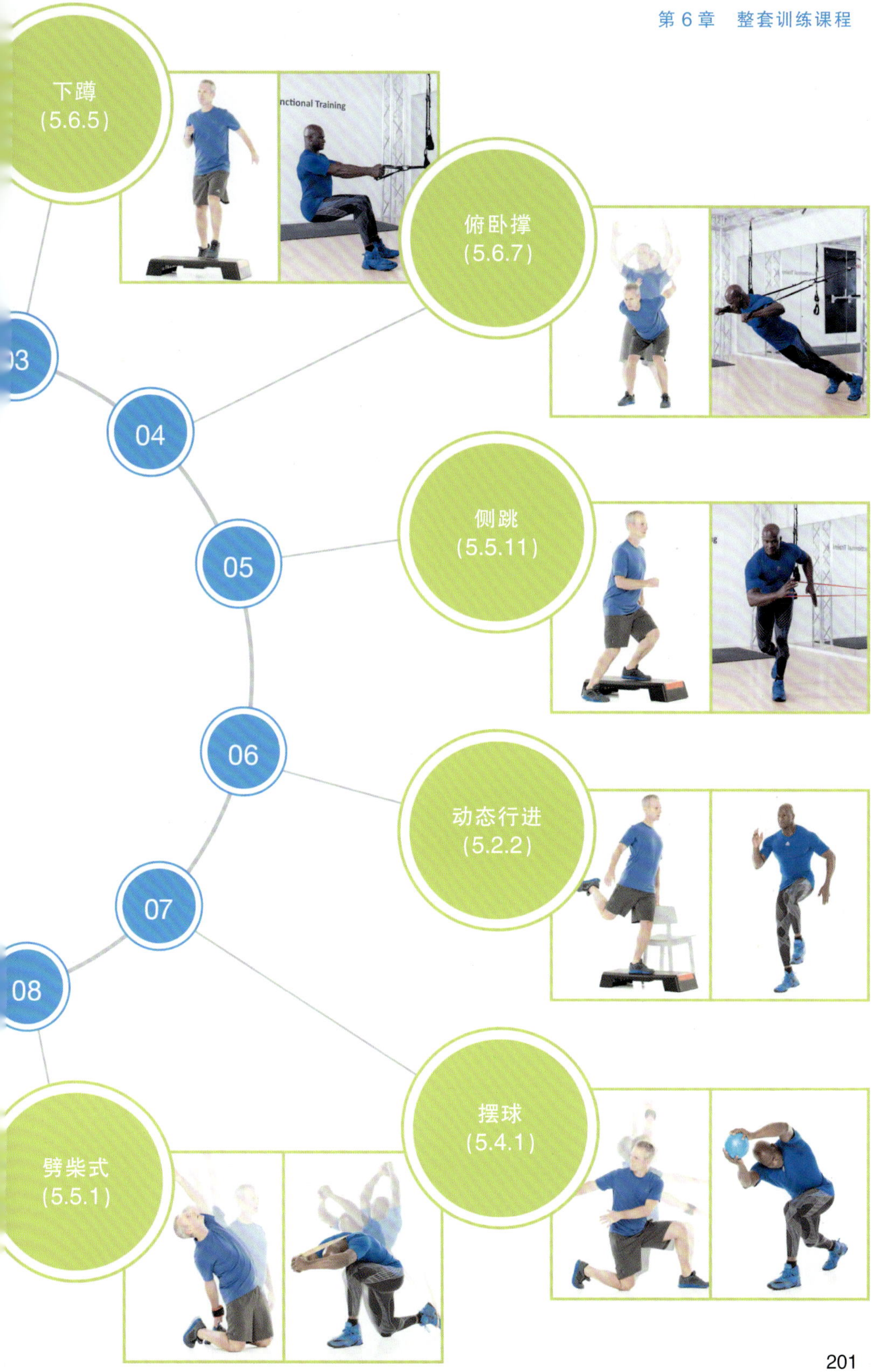
下蹲
(5.6.5)
04
俯卧撑
(5.6.7)
05
侧跳
(5.5.11)
06
动态行进
(5.2.2)
07
摆球
(5.4.1)
08
劈柴式
(5.5.1)

6.2　整套肌筋膜功能训练课程

1.快速滚动

同第 197 页。

2.肌筋膜旋转

完成第 204~205 页一套动作循环，做 1~2 次，每组动作 30~45 秒。

3.弹射训练

完成一套动作循环。重复 1~2 次。

每组动作重复 10~12 次（大约 30 秒）。

09 弹射训练之后，推荐做 1~2 组力量训练，以使身体获得更多的稳定性。

10 每组训练做 1 次，约 30 秒。

身体感知-结束

11 运动时充分集中精力并感知脊柱，意识跟随着身体，感受运动。全程 2~3 分钟。

4.缓慢滚动

慢慢滚动您想要的区域。

肌筋膜

01 泰式坐（5.1.2.1）

06 阿喀琉斯跟腱拉伸（5.1.2.6）

05 鹰飞式（5.1.2.20）

旋转

02

背部伸展
(5.1.2.12)

03

侧拉伸
(5.1.2.10)

04

臂腿拉伸
(5.1.2.2)

投球式
(5.1.3.3)
02
脚内旋和
外旋跳跃
(5.1.3.16)
01
弹
射
四足式
后背拉伸
(5.1.2.13)
11
10
筋膜骨盆–
稳定–2
(5.1.3.13)
09
筋膜骨盆–
稳定–1–
腹部
(5.1.3.12)

双臂高尔夫摆
(5.1.3.3)
03
04
背部肌肉–
筋膜练习
(5.1.3.5)
05
腿部摆动
(5.1.3.14)
训
练
06
直接在踏步
器上跳跃
(5.1.3.17)
07
08
硬石跳跃
(5.1.3.20)
横跨踏步
器跳跃
(5.1.3.18)

参考文献

Corey, S., Vizzard, M., Bouffard N., Badger, G. & Langevin, H. (2012). Stretching of the back improves gait, mechanical sensitivity and connective tissue inflammation in a rodent model. *Plos One*, *7(U)*: e29831.

Fouré, A Nordez, A, McNair P. & Cornu C. (2011) Effects of plyometric training on both active and passive parts of the plantarflexors series elastic component stiffness of muscle–tendon complex. *Eur J Appl Physiol*, *Mar*; *111(3)*: 539–48.

Gordon Ch. (2015), *Myofascial selfhelp therapy with a mini foot roller. A plantar fascia study with a 4 week folow up*, Fascia Congress Washington, D.C.

Kopper, B, Csende, Z, Trzaskoma, L. & Tihany, J. (2014, Stretch–shortening cycles characteristics during vertical jumps carried out with small and large range of motion. *J Electromyogr Kinesiol*, *Apr*; *24*(2)233–9.

Leinonen, V, Kankaanpaa, M., Luukkonen, M., et al (2003). Lumbar paraspinal muscle function, percepti on of lumbar position, and postural control in disc herniation–related back pain. *Spine*, *28*(*8*): 842–848.

Lowery, L.(2015). F*unctional Fitness*(1. Auflage). Aachen: Meyer & Meyer.

Masi, A. T, Nair, K, Evans, T. & Ghandour, Y. (2010), Clinical, biome–chanical, and physiological translational interpretations of human resting myofascial tone or tension, Int. *J Therapie Massage Bodywork 3*(*4*): 16–28.

Mass, H. & Sandercock, T. (2010). Force Transmission Tissue Linkages. *J Biom Biotechnoll*. 1–9.

Schleip, R. & Bayer, J. (2014). *Faszien Fitness* (1. Auflage). München: riva

Schleip, R., Findley, T, chatow, L & Hu jing, P (Hrsg). (2012). *Lehrbuch Faszien. Grundlagen –Forschung Behandlung* (1.Auflage). München: Urban & Fischer.

Slomka G. (2016). *Faszien kompakt–Training für das Bindegewebe* (2. Auflage). Aachen: Meyer & Meyer.

Slomka, G. (2015). *Faszien in Bewegung. Bedeutung der Faszien in Training und Alltag*. (4. Auflage). Aachen: Meyer & Meyer.